新 版

商取引法講義

—— 講義の理解に役立つ図解や資料付き ——

河 野 正 英
KONO Masahide

大学教育出版

新版 まえがき

　今、世界は第四次産業革命の只中にある。これはデジタル革命を中核として、ロボット工学、バイオテクノロジー、AI（人工知能）、自動化技術、ナノテクノロジー、金融技術、環境技術などの分野で飛躍的な変革が起きる技術および社会革新の動きである。その結果、2030年ないしは2040年頃までには世界は一変しているであろう。新型コロナの蔓延により、それまでの標語であったグローバリゼーションの短所が意識され、コロナ後には石油エネルギーの使用をできるだけ抑えるSDGs（持続可能な開発目標）が次の標語となりそうである。本年秋に英国グラスゴーで開催が予定されているCOP26（第26回気候変動枠組条約締約国会議）では、各国が2030年までの意欲的な到達目標を提出しそうな勢いである。石油に代わるエネルギーとして、太陽光や風、水、地熱といった自然由来のエネルギーが模索されているが、水素やバイオマス、メタンなども有力な主要エネルギー候補として存在感を増すであろう。欧州のエアバス社は水素を燃料とした航空機の製造を模索しているようであるし、日本のトヨタ自動車も水素と酸素を燃料とした燃料電池車を開発して、既に実車を販売している。

　また、キャッシュレス化の推進やAIの導入によるビッグデータの分析は我々の日常生活を大きく変化させるだろう。日本の素材技術は世界をリードしており、今後10年くらいの間に日本発の素材革命が起きるだろう。例えば、これまで炭素繊維やこれを樹脂で固めた炭素繊維強化プラスチックが航空機や高級車の素材として使われてきたが、これの特許の多くを日本企業が持っている。また、日本の製紙会社が総力をあげて実用化を急いでいるCNF（セルロースナノファイバー）は組成が難しいが、これが積極的に実用化されれば、エレクトロニクス、医療、バイオ、食品などの分野だけでなく、自動車、家電、半導体などの広い分野で新素材として使用できることが分かっている。したがって、今後10年くらいの間に素材の分野でも革命的な変化が起きていると予想できるのだ。

　改訂版を出してから5年が過ぎた。改めて初版のまえがきと改訂版のまえがきとを読んでみると、この9年間の間に時代が大きく変わったことが分かる。日本の「デフレ」は安倍政権が行なった"アベノミクス"政策（主に量的金融緩和政策）によって脱することが出来たし、「BRICs」や「IS」といった単語も過去の言葉となってしまった。2020年初頭に始まった新型コロナ禍によって各国政府は大規模な財政出動と金融緩和を行ってきた。例えば、日本は安倍政権で第1次補正予算と第2次補正予算を合わせて60兆円の財政支出を行い、菅政権に変わってすぐに第3次補正予算として40兆円の財政出動を行った。景気浮揚が充分でなければ、さらに新年度予算にも補正が組まれる予定だ。米国では今後のバイデン政権の予定まで合算すると約5.9兆ドルもの資金が市場に供給される予定である。リーマンショック以後、世界には巨額な資金が放出されてきた。この資金の行き先の如何により、次の10年は

大きく変貌する 10 年となるだろう。

　今回の新版では、講義で用いている時事問題を資料として取り入れた内容となっている。普段の講義では時事問題を積極的に用いるようにしている。教科書のテーマからどんどん離れていく時もあるが、実際の社会・世の中は教科書通りには行かないことも多いので、気にせず様々なニュースを資料として用いている。これが学生にも結構、評判がよいので、今回の新版には参考までに教科書に取り入れてみた。

　2021 年 3 月

河野　正英

新版 商取引法講義
—— 講義の理解に役立つ図解や資料付き ——

目　次

　　　［時事問題の事例］

　　　　・飲食店の自動化　完全非対面の新システム

　　　　・AI 農業、栽培から収穫まで　人手不足解消へ一役

　　　　・小売り、店舗形態見直し 自動化へ加速

　　　　・コロナ後へ手探りの ANA　異業種派遣やロボ開発も

　　　　・兼業・副業で自己申告制　企業に労務管理の責任問わず

　　　　・丸亀製麺の経営戦略

　　　　・データサイエンスと IT 人材の不足

　　　　・AI 人材の育成が急務

第 3 部：商取引の重要ポイント　　97

　　・新たに刷る1万円札の発注が最少　21年度、細る現金需要

第 1 部：商取引の基礎

〔学ぶ内容〕
財産権の理解と法人化の意義

★今回のテーマ
会社設立

　平成17年（2005年）に商法が大改正され、法典としての会社法が成立した。翌平成18年（2006年）より施行。それまでは商法の会社編（第二編会社）と有限会社法を併せて会社法と呼んでいたが、これは単なる法分野の呼称で、有限会社法を廃止した上で商法の会社編を独立させて成立させたのが法典としての「会社法」である。（ただし、現行の会社法は、さらに令和元年（2019年）に取締役の報酬についての見直しや社外取締役設置の義務化などを盛り込んだ改正がなされた。）

　現行の会社法は、それまでの商法会社編とは異なり、取締役の数や資本金の額などについて大幅な自由設定が認められ、特に株式会社の設立が格段に容易になった。まさに、今日的な課題であるベンチャー企業の創業や新規上場（IPO：Initial Public Offering）の促進に備えた法制度としたわけである。ところが、実際には日本の会社総数は減少している。2015年に約400万社あったのが、2020年末には360万社まで減少し、今後5年間でさらに310万社前後にまで減少すると予想されている。株式会社の数は、2016年時点で約189万社あり、そのうち上場会社は約3,600社である。新規上場数は会社法大改正直後の2006年が最も多く188件であったが、その後も比較的堅調で、2017年に90件、2018年に90件、2019年に86件と続き、2020年はコロナ禍であったにも拘らず93件となり、2007年以降では最も多い年となった。

株式会社設立に必要な手続と手順
　　（1）発起人＝設立後の株主
　　（2）資本金
　　（3）設立代行業者の選定（＊発起人が自身で行うことも可能）
　　　　　　　＊司法書士、行政書士、税理士、社会保険労務士など
　　（4）定款の作成
　　（5）役員の就任承諾書と印鑑証明
　　（6）公証役場で定款の認証
　　（7）法務局への設立登記申請
　　（8）設立登記までにかかる必要経費
　　　　　　　＊登録免許税、定款認証手数料、収入印紙、代行業者への手数料など
　　（9）法人印鑑作成
　　　　　　　＊法人印鑑の作成費用、印鑑証明書の取得費用が必要となる
　　（10）会社の所在する県（都・府・道）と市（区）にそれぞれ法人設立届出書を提出

以上の手続を行うためには、最低でも30万円前後の費用は必要となる。また、設立以後は会社の本社・事務所を運営するための光熱費用や被雇用者（従業員）を雇うための費用、PCやコピー機の購入またはリース費用が必要となる。もちろん、その他会社として活動するための運営費がかかる。また、毎年の決算日を迎えると、税務申告書の作成のために税理士等に支払う手数料もかかってくる。税務申告は税務署に対して行うだけでなく、会社の所在する地の地方自治体、すなわち県（都・府・道）や市（区）に対して法人県民税や法人市民税を納付するための税務申告も必要となる。

履歴事項全部証明書

住所 ○○○市○○○区○○丁目○○番
○○○○○株式会社

会社法人等番号	○○○○－○○－○○○○○○
商　　　号	○○○○○株式会社
本　　　店	○○○市○○○区○○丁目○○番
公告をする方法	官報に掲載してする。
会社設立の年月日	令和3年4月17日
目　　　的	1．天然ミネラルウォーターの生産及び販売 2．前号の商品をネット販売するための一切の業務
発行可能株式総数	50000株
発行済株式の総数 並びに種類及び数	発行済株式の総数 　　　10000株
資本金の額	金1000万円
株式の譲渡制限に関する 規定	当会社の株式を譲渡によって取得するには、株主総会の承認を受けなければならない。
役員に関する事項	取締役　　　　　○○　○○
	取締役　　　　　○○　○○
	取締役　　　　　○○　○○
	○○○市○○○区○○丁目○○番 代表取締役　　　○○　○○
登記記録に関する事項	設立 　　　　　　　　令和3年4月17日登記

★今回のテーマ
事業の継続

A．法人、会社

（1）法人の一種類としての会社

（2）なんのために事業継続するのか？

【設問】　何のために「法人化」するのか？

　　　　（事例）次のようなプロジェクト（事業）を推進すると…

期間：1年間

内容：ミネラル・ウォーターの生産・
　　　販売
　　　10万本の売上げを目標にする
　　　（1本200円で売り出す）

出資金：1口＝100万円

出資者：10人

　　＊出資金の受取証（書面）を発行する

1年後　目標の達成

1本200円×10万本
＝2000万円の売上げ
－コスト（経費）500万円

→　利益1500万円

これを10人（10口）に分配する
ことになるから、150万円／人の
分配（配当）となり、プロジェク
トは終了する。

このプロジェクト（事業）を継続する
ために、人員と財産を法人化する。
　　　（＝営利法人となる）

B．事業の継続

●事業の運営（単年度で終了する）

目的に達したらすべて利益を分配して会社を解散してしまうパターン

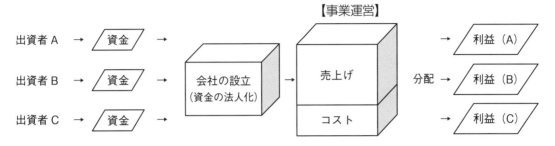

●事業の運営（事業を継続させる）

永続的な目的を定め、会社の事業継続をめざすパターン

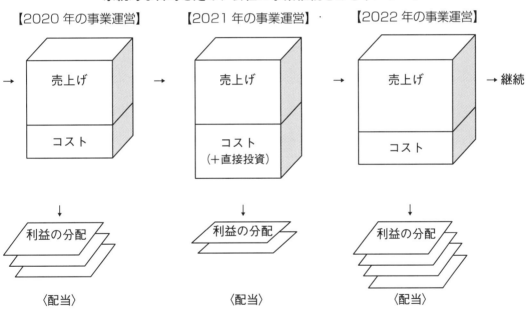

★今回のテーマ
契約の締結と契約書の作成

A．契約自由の原則

　私有財産を認め、自由競争をいかに維持するかを観点とする現在の資本主義においては、経済活動の中心に「契約自由の原則」が置かれる。

　ここで重要なのは、一方で契約の締結を各自の判断で認め、その結果を「自己責任」とするためには、当事者がその責任を負う「意思」をもっていなければならないことである。ここに、契約における意思主義が出てくる土壌があり、契約が有効に成立するためには、当事者間の意思が合致すること＝「合意」を要件（条件）とするようになった理由がある。

　したがって、そもそも契約の合意を文書化した契約書を作成するかどうかは当事者の判断にまかされることになり、契約内容を備忘録や覚え書きとして残したり契約書を作成しないからと言って契約が成立しないわけではない。契約書を作成することは、まさに自分（自社）の防御となり、契約書の内容を書面にして保存しておくことは、トラブル（紛争）を未然に防いだり、トラブルになった場合に合意内容を証明し、解決策を示してくれる文書となるのである。

B．契約書の記載事項

契約書の作成には以下のような契約内容と当事者の署名・捺印等が必要である
■第1条および第2条で売買契約によって取引される「商品」やその「納入方法」について決める。 ■第3条は「代金の支払い」についての取決めであるが、後段（後半部分）は支払いが遅延（遅滞）した場合の条件（取扱の方法）について取り決めている。（「損害賠償」について予め決めておく。） ■第4条のような規定を「排他的条項（排他的再販条項)」と呼び、他社との取引を制限する内容が書かれている。 ■第5条は「契約の有効期間」についての取決めであり、自動更新の場合には、その旨が書かれる。 ■第6条は「契約を解除できる条件」についての取決めである。 　（＊「代金支払いの遅滞」「手形の不渡」「第三者による差押」「民事再生手続・会社更生手続」等） ■第7条はトラブル・紛争が生じた場合に審理を行う裁判所についての取り決め。（「裁判管轄」についての取り決めである。） ■契約書の「作成期日」と「当事者（法人なら法人名と代表者）の署名・捺印」が必要である。

[資料] 契約書のサンプル

商品継続販売契約書

東京都港区○○丁目○○番
売主（甲）株式会社○○○○
　代表取締役　○　○　○　○
東京都千代田区○○丁目○○番
買主（乙）○○○○株式会社
　専務取締役　○　○　○　○

　上記当事者間において、下記の通り契約する。

第1条　甲は乙に対し、甲製造の家電製品を売り渡すことを約し、乙はこれを買い受ける。対象商品、価格等は別紙「取扱い商品価格一覧表」の通りとし、商品および価格の変動については、甲より乙に通知した日から1ヵ月経過した日の翌日から効力を生ずる。

第2条　本契約に基づく個々の売買取引については、乙の注文を受けて、甲が承諾することにより契約が成立するものとし、注文および承諾の方式、納品方法、検品、条件については、別途定めた「覚書」によるものとする。

第3条　代金支払いは毎月払いとし、乙は甲が毎月末日までに納品した分の代金を翌月末日までに甲の指定する銀行口座に振り込むものとする。
　前項の支払いを遅滞したときは、乙は元本100円につき、1日5銭の割合による延滞金を支払わなければならない。

第4条　乙は、本契約期間中は、甲より買い受けた商品と同種商品を他社から買い受ける場合には、甲提供の商品と競合しないように注意し、事前に甲に相談することを約し、また販売価格は甲指定の価格により販売するものとする。

第5条　本契約の有効期限は2年間とする。ただし、甲または乙が契約満了の1ヵ月前までに契約解除の申し入れをしない場合には、契約は自動的に更新される。

第6条　甲は、乙に下記の事由が生じたときは、何ら通知通告を要せずに、本契約を解除し、乙の債務につき期限の利益を失わせて、請求期間未到来の商品代金全額を請求出来る。
　（1）代金を一度でも期日に支払わなかったとき。
　（2）本契約に違反したとき。
　（3）手形不渡りの事実があったとき。
　（4）第三者から差押え、仮差押え、競売など強制執行を受けたとき。
　（5）破産、民事再生、会社更生、会社整理など、これに準ずる法的手続が生じたとき。
　（6）公租公課につき、滞納処分があったとき。

第7条　本契約に関する紛争については、東京地方裁判所を第一審の裁判所とする。

　以上の通り契約が成立したので、この契約が成立したことを証するため、本書2通を作成し、甲乙各自1通を保有する。

令和○○年○月○日

東京都港区○○丁目○○番
売主（甲）株式会社○○○○
　代表取締役　（署　名）　　（印）
東京都千代田区○○丁目○○番
買主（乙）○○○○株式会社
　専務取締役　（署　名）　　（印）

★今回のテーマ
物権 —— 物権の種類と機能

Ａ．物権とは？

　物権にはその代表としての「所有権」があるが、それ以外には「占有権」「地上権」「地役権」「留置権」などがあり、担保を目的として認められる物権に「先取特権」「抵当権」「質権」などがある。今回は、所有権と占有権の相違や所有権を取得する方法、担保物権である抵当権、質権、先取特権について学ぶ。

Ｂ．所有権と占有権

（1）所有権の取得：動産の場合

　（ａ）一般の動産…　善意取得（即時取得）が原則

キーワード：「占有」、「善意」（特に「善意の第三者」）、「過失」

（例）目的物が「鞄（かばん）」の場合

　（ｂ）自動車のような登録される動産…　善意取得を主張できる余地は少ない
　　　　　←車検証と事実関係がほぼ一致するので

（例）目的物が「自動車」の場合

（2）所有権の取得：不動産の場合

　動産に比べ、善意取得の主張できる余地は少なくなるが、それでも、過失がなければ善意取得を主張できる。

キーワード：「登記簿」　←しかし、登記簿は、誰でも登記しようと思えば出来る上に、不動産業者等も登記しないで取引することが多いので、事実関係を調査する必要はある。

（例）目的物が「土地」の場合

C．担保物権

担保について

　担保とは保証のことであり、保証の設定の仕方としては人的担保としての保証人や物的担保としての抵当権などがある。この担保権を取得する方法として当事者の約定による抵当権や質権があり、一旦、質権や抵当権が設定されると、他者よりも優先して弁済を受けられる効力を持つ。他方で、約定がなくても一定の当事者には法的に認められる担保物権としての先取特権がある。その内容を解説すると下記のようになる。

(1) 約定担保物権

　当事者の合意のもとに他の債権者より優先弁済を受けられる権利。（約定担保物権と呼ばれる。）

(a) 質権＝債権の担保として、債務者等から受け取った物を占有することにより、他の債権者より優先的に弁済を受けることができる権利。

(b) 抵当権＝債務者等が占有を移さないで、債務の担保に供する不動産につき、他の債権者より優先的に弁済を受けることができる権利。

---

(2) 法定担保物権

　特殊な債権者に法律上当然に与えられる担保物権。（法定担保物権と呼ばれる。）債権者は債務者の財産から優先的に弁済を受けることができる。その結果、先取特権をもつ債権者は、目的物を優先して競売にかけることができるようになる。基本的にはすべての債権者は平等な立場で弁済を受けるのが原則である（債権者平等の原則）が、先取特権はその例外として特別に法で認められる。

＊特殊な債権については「公益性」、「公平」、「当事者意思の推測」などの観点から、通常は当事者が自治的に決定する債権債務関係に法が強制的に介入する必要があるとの考えによる。これが先取特権である。

先取特権の種類
(1) 一般の先取特権（共益費、給料など）
　　(a) 動産の先取特権＝旅店の宿泊費、旅客・荷物運送費など
　　(b) 不動産の先取特権＝不動産の保存経費、不動産の工事費など
(2) 船舶に関する先取特権＝船舶・属具の保存費、水先案内料、燃料の費用など

★今回のテーマ
債権 —— 契約による債権・債務関係の発生

A．債権とは？

　債権とは相手方に対して何かを請求できる権利であり、契約や事故（不法行為）によって債権を取得することが出来る。一般に請求する相手方は債務を負うことになり、債務を実行することを弁済あるいは債務の履行と呼ぶ。債務を負っている相手方が弁済を行わない場合には債務不履行となり、契約を解除したり損害賠償を請求することが出来る。契約は自分の意思によって債権・債務を生じさせる行為であり、売買、贈与、貸借、雇用、委任などは全て典型的な契約行為である。

（例）契約による債権・債務関係

A社	B社
（商品の製造・販売）	（商品の小売販売）

＜AB社間で商品販売の売買契約が成立＞

= AB間の合意

↓契約が成立すると下記の権利関係が生じる

債務（a）＜ 商品の納入についての権利関係 ＞債権（a）

債権（b）＜代金の支払いについての権利関係＞債務（b）

B．13種類の典型的な契約

●典型契約…民法に規定されている13種類の契約形態

●非典型契約…それ以外の契約（民法に規定されていない特に名前のない契約＝無名契約）

典型契約：

　　　贈与、売買

　　　消費貸借、使用貸借、賃貸借、寄託

　　　雇傭（雇用）、請負、委任・準委任

　　　交換、組合、終身定期金、和解

C．性質による契約の分類

（1）双務契約と片務契約の区別

双務契約

当事者の双方が債権・債務関係となる契約を「双務契約」と呼ぶ。

（例）売買契約、賃貸借契約、雇傭契約、請負契約、委任契約

<u>片務契約</u>
当事者の一方しか債権を得たり、債務を負ったりしない契約を「片務契約」と呼ぶ。

（例）贈与契約、消費貸借契約、使用貸借契約

（2）要物契約と諾成契約の区別
<u>諾成契約</u>
契約が成立するためには、「合意」だけでよい契約を「諾成契約」と呼ぶ。
一部の契約を除き、契約の多くは、諾成契約である。

（例）贈与契約、売買契約、賃貸借契約、雇傭契約、請負契約、委任契約

<u>要物契約</u>
契約が成立するためには、「合意」だけでは足りず、物の引渡が必要な契約を「要物契約」
と呼ぶ。

（例）消費貸借契約、使用貸借契約、寄託契約

（3）典型契約と非典型契約の区別
<u>典型契約</u>
民法に規定されている 13 の契約形態を「典型契約」と呼ぶ。

　（13 種類）贈与、売買、消費貸借、使用貸借、賃貸借、寄託、雇傭、請負、委任、交換、組合、
　　　　　　終身定期金、和解

<u>非典型契約</u>
民法に規定されていない無名契約（典型契約以外のもの）を「非典型契約」と呼ぶ。

（例）上記 13 種類以外の契約すべて

★今回のテーマ

債務不履行と担保設定

Ａ．債務不履行

　目的物である商品の数量が不足する場合であるとか、支払い期日が来ているにも拘らず代金を支払わない場合、つまり自分の負う債務を履行しないことを「債務不履行」と言う。例えば、売主が理由なく商品を引き渡さないとか、買主が代金を支払わないことを言う。債務不履行の場合には、相手方（債権者）は、契約を解除する権利と、損害賠償の請求をする権利を持つことになる。

債務不履行には次の３種類がある
（1）履行遅滞 　約束の期日までに債務を実行しないこと。商品の到着の遅延であるとか代金支払の遅延を言う。
（2）不完全履行 　一応の履行は行ったが、約束の数量には不足している場合を言う。
（3）履行不能 　債務者が履行しようと思っても、そもそも債務を履行出来ない状態にある場合を言う。

Ｂ．担保権

1．人的担保

●保証人

　　保証人は、債務者が債務不履行を起こした場合に、これに代わって保証することを目的とする。

●連帯保証人

　　連帯保証人は、通常の保証人とはまったく違った機能を持つ。

2．物的担保

●法定担保物権

　特殊な債権者に法律上当然に与えられる担保物権（＝「法定担保物権」と呼ばれる）。債権者は債務者の財産から優先的に弁済を受けることができる。その結果、先取特権をもつ債権者は、目的物を優先して競売にかけることができるようになる。基本的にはすべての債権者は平等な立場で弁済を受けるのが原則である（債権者平等の原則）が、先取特権はその例外として特別に法で認められる。特殊な債権については「公益性」、「公平」、「当事者意思の推測」などの観点から、通常は当事者が自治的に決定する債権債務関係に国家が積極的に関与し、これを法定する必要があるとの考えによる。

＜先取特権の種類＞
(1) 一般の先取特権（共益費、給料など）。
　　(i) 動産の先取特権＝旅店の宿泊費、旅客・荷物運送費など。
　　(ii) 不動産の先取特権＝不動産の保存経費、不動産の工事費など。
(2) 船舶に関する先取特権＝船舶・属具の保存費、水先案内料、燃料の費用など。

●約定担保物権

当事者の合意のもとに他の債権者より優先弁済を受けられる権利（＝「約定担保物権」と呼ばれる）。

＜約定担保物権は下記の2種類＞
(1) 質権＝債権の担保として、債務者等から受け取った物を占有することにより、他の債権者より優先的に弁済を受けることができる権利。
(2) 抵当権＝債務者等が占有を移さないで、債務の担保に供する不動産につき、他の債権者より優先的に弁済を受けることができる権利。

●実務上発達した担保方法

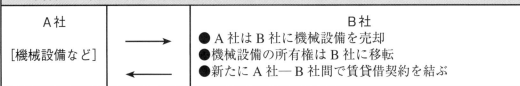

譲渡担保
例えば、工場主が資金調達を受け、所有する機械一式を売渡し、これを賃貸したことにして賃料という形で利息を支払うといったもの。

A社 [機械設備など]	→ ←	B社 ●A社はB社に機械設備を売却 ●機械設備の所有権はB社に移転 ●新たにA社—B社間で賃貸借契約を結ぶ

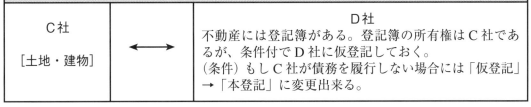

仮登記担保
例えば、履行期に弁済がないときには当該の不動産を債権者に移転することを約し、この権利（所有権移転請求権）を仮登記（担保仮登記）して行う。

C社 [土地・建物]	↔	D社 不動産には登記簿がある。登記簿の所有権はC社であるが、条件付でD社に仮登記しておく。 （条件）もしC社が債務を履行しない場合には「仮登記」→「本登記」に変更出来る。

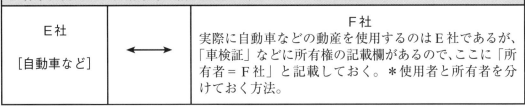

所有権留保
売主が目的物を引き渡すが、代金が完済されるまで目的物の所有権を留保することによって行う。例えば、自動車等の割賦販売の場合に使われる手法である。

E社 [自動車など]	↔	F社 実際に自動車などの動産を使用するのはE社であるが、「車検証」などに所有権の記載欄があるので、ここに「所有者＝F社」と記載しておく。＊使用者と所有者を分けておく方法。

★今回のテーマ
特別な決済方法 —— 債務の相殺と債権譲渡

A．総論

　会社が決済をする場合に、債務者側による債務の履行を待つのではなく、一定の方法により、積極的に自己の債権を満足させることができる。その方法は次の2つがある。

B．債務の相殺

　弁済期に到達している債務であり、互いの債務を差し引くことができる状態にある債務（これを「相殺適状」と呼ぶ。）は、互いに相殺することができる。これは通常は、対立する債権債務関係にあるものだけが対象であるが、会社が継続的に取引を行っている場合には、対立する債権債務でなくても、契約により一定期間内の債務を相殺することも認められている。

C．債権譲渡

　「債権譲渡」とは、自己のもつ債権を、相手方に通知および相手方の了承を得て、第三者に譲り渡すことを言う。債権を第三者に譲り渡す（譲渡する）場合には、債務者の了承が必要であるので、相手方（債務者）の了承を得ずに債権を第三者に譲り渡しても、法的には無効な行為となる。

　＊相手方への通知／相手方からの了承が必要なのは、本来、債権は人と人との関係で成り立っている権利・義務関係であるから、基本的には第三者に譲り渡すことを前提に権利義務関係が生じていないからである。したがって、債権の性質上、そもそも第三者には譲り渡せない債権もあり、年金の受け取り債権であるとか、保険金の受け取り債権などがこれに該当する。

★今回のテーマ
手付の法的性格

A．手付の法的性格

　商品を購入する際に、契約成立後（＝合意によって契約は成立する）、すぐに全額を支払うのではなく、一定額を相手方に渡し契約の履行を確実にする方法がある。これを「手付」と呼び、その一定額を「手付金」と呼ぶ。この手付の法的性質はどのようなものであろうか？

他のお客さんが「欲しい」と言った時に困るので、手付金を払ってもらってもいいですか？

今日、お金持ってないんですが、すごくいいので、その車を売ってください。

B．手付の法的性質としては次の３種類がある。

証約手付	契約成立の証拠や債務の履行として 契約が成立したことを物的に証明する手段として、一定額を相手に預ける。この性質は、あらかじめ一定額の支払いに充て、後に残金を支払うことを意味している。一般に言う「予約金」とか「前払金」としての性格をもっている。
違約手付	契約違反の違約金として 一方が勝手に契約を履行しなかった場合に、「損害賠償の一部として没収できる」という性格をもっている。追加の損害賠償を求めることは妨げられない。
解約手付	契約の無条件解除の方法として この性質は、債務が履行されなかったときに問題となる損害賠償について、あらかじめ一定額を示すことを意味している。債権者側からすれば、先に賠償金相当額を確保しておく便宜があり、債務者側からすれば、あらかじめ賠償額を予測できることになる。手付を放棄しさえすれば契約を無条件解除できることになる。

★今回のテーマ
契約解除による商品の回収

A．債務不履行の効果

債務不履行の場合には、相手方（債権者）は、契約を解除する権利と、損害賠償の請求をする権利を持つことになる。

債務不履行
（1）履行遅滞 　約束の期日までに債務を実行しないこと。商品の到着の遅延とか代金支払の遅延を言う。
（2）不完全履行 　一応の履行は行なったが、約束の数量には不足している場合を言う。
（3）履行不能 　債務者が履行しようと思っても、そもそも債務を履行出来ない状態にある場合を言う。

B．債務不履行により契約が解除された場合の商品の回収と善意の第三者

（1）原則として

相手方の債務不履行により、契約を解除した場合であっても、法的手続によらない強制手段＝「自力救済」は認められない。あくまで、契約解除の結果としての「原状回復」を求めることになる。この原状回復を実現するための自らの権利を説明すれば、「所有物返還請求権」または「占有回収の訴えをする権利」ということになる。

（2）善意の第三者がいる場合

相手方にいくら原状回復義務があるからと言って、既に目的物（商品）が相手方の手許になく、占有が「善意の第三者」に移転してしまっていたら、商品を取り返すことはできなくなる。（ただし、占有・所有を回復出来なくても債務不履行に基づく損害賠償の請求はできる。）したがって、善意の第三者がいる場合には、物権の変動を元に戻すことは出来なくなり、債権上の請求である損害賠償請求しか出来なくなる。

Ｃ．契約の成立に伴う権利義務関係の形成

　契約の成立による債権関係の形成と物権変動およびこれが解除された場合の債権関係と物権の所在を図解すると下記のようになる。

契約成立による債権関係および物権の所在		
当事者	Ａ社＜メーカー＞	Ｂ社＜販売店＞
債　権	商品について　　【引き渡し債務】　―――――→　【債権】 代金（金銭支払い）について　【債権】←―――　【支払い債務】	
物　権	物権である所有権の移動については、契約成立によって相手方に引き渡す合意が出来た時点で物権変動する。 その後、実際に相手方が占有も行うようになると、物権の移動（物権変動）および善意取得のどちらでも相手方は所有権の取得を主張出来るようになる。	（物権変動） 契約成立と同時に所有権が移動 ―――――→　【所有権】 （実際の占有） 引き渡し後は【占有権】も取得 ＊所有権の善意取得も主張出来るようになる。

↓

代金支払いについてＢ社に債務不履行があり、契約解除となった場合。

契約を解除すると下記のような権利義務関係に変化する。

↓

契約解除後の債権関係および物権の所在		
当事者	Ａ社＜メーカー＞	Ｂ社＜販売店＞	Ｃ＜消費者＞
債　権	【損害賠償請求権（債権）】←―――	代金の支払いについて債務不履行 【損害賠償の義務（債務）】	
物　権	（現状回復の訴え）	【現状回復の義務】 ただし、善意の第三者に占有が移っている場合には所有権を失っているので現状回復は出来ない。	【所有権】 ＊善意取得 【占有権】

★今回のテーマ
不法行為・担保責任・瑕疵担保責任

【事例】商品にキズ等があった場合

契約は履行されたのだが、買主が受け取った後に、商品にキズ等があることが分かった場合には当該契約に関する責任はどうなるのか？

Ａ．不法行為責任
■売主側が事実を知っていた場合（＝売主の故意）

■売主側が不注意でチェックしていなかった場合（＝売主の過失）

　売主側に故意または過失がある場合、すなわち、売主は欠陥商品であることを知りながら買主にはその事実を隠して商品を売ったような場合であるとか、商品に簡単に発見できるような欠陥があるにもかかわらずこれを知らずに納品したような場合には、売主が取引上の責任を負う。

　　　　→売主の<u>債務不履行責任</u>はもちろんであるが、これとは別に
　　　　　　売主に「故意・過失」があった場合には<u>不法行為責任</u>も負う

Ｂ．担保責任・瑕疵担保責任
■売主側に不注意はなかった場合（＝売主に故意または過失なし）

　しかし、売主側に故意・過失がないにも拘わらず、商品にキズがついてしまったり消失してしまう場合がある。例えば、

<＜例Ａ＞　商品が完成し、買主に通知したにも拘わらず、買主側がしばらく商品を引き
　　　　取りに来なかった間に、隣りの他社の火事により、当該商品が消失してしまっ
　　　　たような場合。
＜例Ｂ＞　売主が数量や品質をチェックした上で商品を買主側に無事に引き渡したとこ
　　　　ろ、納入後にそれまで注意しても気が付かなかったようなキズが商品にあっ
　　　　たような場合。
＜例Ｃ＞　新築当初は歪みがなかった建築物なのに、実は柱や壁の内部に微細な亀裂が
　　　　あり、３ヶ月後に壁の表面に歪みを生じさせてしまったような場合である。>

＜例Ａ＞のような場合には、商品が完成して連絡があった後に商品の引渡しが困難ある
いは不可能になったのであり、ただちに引き取りに来なかった買主側に責任がある。

→<u>買主の危険負担</u>

＜例Ｂ＞のような場合には、売主は数量や品質のチェックを行っているのであり、故意・
過失はないが、商品に関する担保責任を負う。

→<u>売主の担保責任</u>

＜例Ｃ＞のような場合には、納入時に売主が注意深く商品をチェックしても問題点は何
も発見できなかったであろう。売主および買主双方に特に問題点はないが、それにも拘わら
ず、その「隠れた瑕疵」についてはどちらかが責任を負うことになる。こういう場合にもや
はり売主が責任を負う。これを特に「瑕疵担保責任」と呼ぶ。

→<u>売主の瑕疵担保責任</u>

注意点

　＊なお、取引の当事者が会社同士であれば、売主の責任を追求できる期間は極端に短
い（担保責任＝遅滞なく通知しなければならない／瑕疵担保責任＝６ヶ月間）し、責任
回避の特約（例えば、売主は瑕疵担保責任を負わないという特約）を結ぶこともできる。
　＊ただし、契約相手が消費者の場合には、消費者契約法により、消費者の不利益とな
る契約は結ぶことはできない。

★今回のテーマ

少額訴訟による資金の回収

A．少額訴訟

少額訴訟とは、民事訴訟のうち、当事者の便宜を図る目的で設けられた特別の手続きであり、60万円以下の金銭の支払を求める訴えについて、原則として1回の審理で紛争解決を図る手続のこと。（通常の裁判に切り替えることもできる。）即時解決を目指すため、証拠書類や証人は、審理の日にその場ですぐに調べることができるものに限られる。法廷では、基本的には、裁判官と共に丸いテーブルに着席する形式で審理が進められるのが特徴である。

少額訴訟のポイント（要点）
●1回の期日で審理を終えて判決をすることを原則とする。
●60万円以下の金銭の支払を求める場合に限る。
●訴訟の途中で、「判決」ではなく話し合いにより「和解」に切り替えることもできる。
●「判決書」または「和解調書」に基づき、強制執行を申し立てることができる。
●少額訴訟判決に対する不服申立ては、異議の申立てに限られる。（＝控訴はできない。）
●原告の言い分が認められる場合でも、「分割払」、「支払猶予」、「遅延損害金免除」の判決がされることがある。
●同一の簡易裁判所での提訴は年間10回まで

＊「強制執行」

判決の内容を、裁判所の許可を得て、法的に実現すること。

具体的には、不動産の差押、銀行預金の差押、給与等の差押などがある。

少額訴訟の判決書や和解調書を得れば、当該簡易裁判所において金銭債権（給料、預金等）に対する強制執行（少額訴訟債権執行）を申し立てることができる。

＊「和解」

裁判所の判決が出る前に、当事者（原告と被告）が争いの内容について合意すること。和解が成立すると、原告は訴訟を取り下げ、裁判が終了することになる。（民事訴訟では裁判所が和解を進めるよう提案することも多い。＝和解勧告）

＊「控訴」

判決に不服な場合には、通常の裁判であれば第二審（通常は高裁＝高等裁判所）で訴訟を行うことが出来る。これを「控訴」と呼ぶ。

Ｂ．民事執行手続の種類

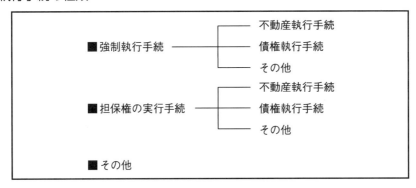

Ｃ．債権執行手続

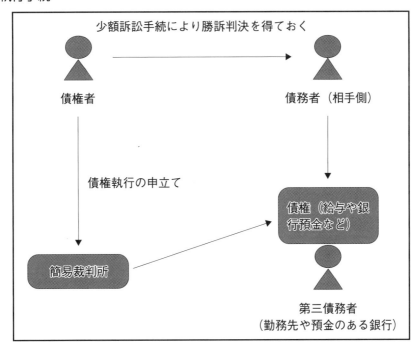

＊「債権執行手続」とは、債権者が、債務者の勤務する会社を第三債務者として給料を差し押さえたり、債務者の銀行預金を差し押さえ、それを直接取り立てることにより、債権の回収をはかる手続のこと。申し立てる裁判所は、原則として債務者の住所地を管轄する裁判所になる。（債務者の住所地が分からないときは、差し押さえたい債権の住所地 ― 例えば債務者の勤務先や銀行の所在地を管轄する裁判所となる。）

＊なお、差押えの対象となる債権が現実に存在するかどうか、存在するとしてその程度を知りたい場合には、「陳述催告の申立て」（第三債務者に対して、差押債権の有無などにつき回答を求める申立て）をすることが出来る。

［資料］

裁判所用

訴　　状

事件名　　　　　　　　　　　　　　　　　　　　請求事件

□少額訴訟による審理及び裁判を求めます。本年，この裁判所において少額訴訟による審理及び裁判を求めるのは　　　回目です。

簡易裁判所　御　中　　　　　　平成　　　年　　月　　日

| 原告（申立人） | 〒
住　所（所在地）

氏　名（会社名・代表者名）　　　　　　　　　　　　印

ＴＥＬ　　　　　－　　　　　－　　　　ＦＡＸ　　　　－　　　　－ |
| | 送達場所等の届出 | 原告（申立人）に対する書類の送達は，次の場所に宛てて行ってください。
□上記住所等
□勤務先　名　称
　　　　　〒
　　　　　住　所
　　　　　　　　　　　　　ＴＥＬ　　　　－　　　　－
□その他の場所（原告等との関係　　　　　　　　　　　　　　　　　）
　　　　　〒
　　　　　住　所
　　　　　　　　　　　　　ＴＥＬ　　　－　　　－

□原告（申立人）に対する書類の送達は，次の人に宛てて行ってください。
　氏　名 |

| 被告（相手方）1 | 〒
住　所（所在地）

氏　名（会社名・代表者名）

ＴＥＬ　　　　－　　　　－　　　　　ＦＡＸ　　　　－　　　　－ |
| | 勤務先の名称及び住所
　　　　　　　　　　　　　ＴＥＬ　　　－　　　－ |

| 被告（相手方）2 | 〒
住　所（所在地）

氏　名（会社名・代表者名）

ＴＥＬ　　　　－　　　　－　　　　　ＦＡＸ　　　　－　　　　－ |
| | 勤務先の名称及び住所
　　　　　　　　　　　　　ＴＥＬ　　　－　　　－ |

訴訟物の価額	円	取扱者
貼用印紙額	円	
予納郵便切手	円	
貼用印紙	裏面貼付のとおり	

裁判所用

一　般

請 求 の 趣 旨	1　被告　　は，原告に対して，　　　　　　　　次の金員を支払え。 　　　　金　　　　　　　　　　　　　　円 　{□上記金額に対する 　 □上記金額の内金　　　　　　　　　　　円に対する} 　　　平成　　　年　　　月　　　日から平成　　　年　　　月　　　日まで 　　　　　　　　の割合による金員 　{□上記金額に対する 　 □上記金額の内金　　　　　　　　　　　円に対する} 　　{□平成　　　年　　　月　　　日 　　 □訴状送達の日の翌日}から支払済みまで 　　　　　　　　の割合による金員 2　訴訟費用は，被告　　の負担とする。 との判決（□及び仮執行の宣言）を求めます。
紛 争 の 要 点 （ 請 求 の 原 因 ）	
添 付 書 類	

★今回のテーマ
時効による権利の取得や消滅 —— 取得時効、消滅時効

A．時効の制度とは？

　「時効」とは、ある出来事が生じ、その事実関係が一定期間継続した場合に、真実の権利関係に合致するかどうかを問わずに、すなわち、本来の法的根拠を有するかどうかに関係無く、その事実関係に適合するよう権利の取得や消滅を認める制度のことである。

　例えば、土地の境界を確かめずに長期間（＝この場合は20年間）隣地との境界から1mも入り込んで隣地を自分の土地として利用していた場合には、20年間その状態が継続したことをもって、時効により1m入り込んだ土地を自分の物として正式に認める（＝1m分の土地の所有権を認める）というものである。時効には権利を取得する「取得時効」と権利が消滅する「消滅時効」とがある。なお、途中で占有の中断や債権の請求などがあると時効は中断する。

←本来のAの土地→		←本来のBの土地→
A所有の土地	1m	B所有の土地

↓　一定期間が経過（20年）

←時効成立後→	←時効成立後→
Aの所有権	Bの所有権

B．時効制度の根拠

（1）永続した事実関係を尊重してそのまま権利関係と認めることにより、事実状態を基礎として築かれた社会の信頼を保護するため

（たとえ、それが真実の関係とは異なっても、人々は継続している事実関係から自分や他人の権利義務を判断しているのであるから、その継続する事実関係の上に築かれている社会の信頼性を保護すべきであるから。）

（2）長期間の経過で真実の権利関係の立証が困難となるのを救済するため

（本来は正当な権利者であっても、一定期間が経過すると証拠の収集が困難となったり、証言の不明確さが増す確立が高くなったりと、真実の関係を明らかにすることが困難となるから、争いに一定の限界を設けるため。）

(3) 法は<u>権利の上に眠る者を保護しない</u>ため

(たとえ正当な権利者であっても、一定の期間、その権利を行使するために必要な措置を執らなかった者を法的に保護する必要はないので。)

C．時効の例

(1) 取得時効

取得時効
（平穏・公然に占有） 所有の意思を持って平穏、公然に動産・不動産を占有した場合、20 年間の占有により所有権を取得できる。
（善意・無過失に占有） 所有の意思を持って善意・無過失に動産・不動産を占有した場合、10 年間の占有により所有権を取得する。

(2) 消滅時効

消滅時効
（一般的な債権） 債権は 10 年間で消滅時効にかかる。（消滅する）
（利息） 利息制限法超過分の返還請求権は支払った時より 10 年で消滅時効にかかる。
（債務不履行による損害賠償請求） 債務不履行による損害賠償請求権は 10 年間で消滅時効にかかる。
（不法行為による損害賠償請求権） 被害者が損害および加害者を知った時から 3 年で消滅する。 それ以外は不法行為の時より 20 年で消滅時効にかかる。
（抵当権） 抵当権は被担保債権の弁済期日より 20 年を経過すると消滅時効にかかる。

その他の特殊な消滅時効
（3 年の短期） 医師などの勤労、請負人の工事などは 3 年間で消滅。
（2 年の短期） 弁護士、公証人は事件終了より 2 年間で消滅。
（1 年の短期） 月給、旅館、料理店、ホテルの料金などは 1 年間で消滅。

★今回のテーマ
債権法の改正

Ａ．債権法の改正

　現在、債権法の改正作業が進んでいる。債権法の中でも特に契約法に関する部分が大幅に改正される予定である。政府は 2015 年 3 月、契約ルールを定める債権関係規定の民法改正案を閣議決定した。法制審議会民法部会が法務大臣に答申した内容を改正案とし、これまでの民法における債権法の分野を大幅に改正する法案となっている。明治 29 年（1896 年）に民法の総則、物権編、債権編が立法されてから実に 120 年ぶりの大幅な改正作業である。今回の改正には目的がいくつか掲げられるが、主に日本独自の法規定が今日的な商取引で有利に働かない、すなわち国際的な事業活動への配慮が念頭にある。また、近年ますます盛んになるインターネット等を介した現代型商取引への対応、契約規定が複雑化すると共に定型化していることに対する条文の集約化・合理化が掲げられる。

Ｂ．改正の要点

（1）時効の変更

　改正案では、これまでの各種短期消滅時効の制度を廃止し、しかも、通常の債権の消滅時効が原則として 10 年間であったものを 5 年間に短縮している。企業間取引など商法では 5 年間であるので、これとの整合性をとっている。世界的には期間短縮の方向に向いているが、債権者保護の立場からはこれまでよりも短期で債権が消滅するのは望ましくないという意見があった。しかし、改正案では、債権者が履行請求や損害賠償請求などの権利行使のできることを知った時から 5 年、知らなくても客観的に権利行使できる時から 10 年という二重の時効期間を設けた。

> 改正案第 166 条
> 債権は、次に掲げる場合には、時効によって消滅する。
> 1 号　債権者が権利を行使することができることを知った時から 5 年間行使しないとき。
> 2 号　権利を行使することができる時から 10 年間行使しないとき。

（2）法定利率の変更

　利息や遅延損害金の利率を契約で定めていなければ、法定利率が適用されることになっている。現行の民法では年 5 ％であり、商法では年 6 ％と規定されている。これは 100 年以上前の高インフレ時代を反映した規定であり、今日の経済状況とは合わない。そこで、改正案では、決定の時期による公平性を保ち、頻繁な変更がもたらす煩雑さを避けるため、3 年を

１期として利率を見直す緩やかな変動制を採用している。これにより利率は変動するが、頻繁ではなく緩やかに変動して安定性を保つことに配慮した規定となっている。

改正案第 404 条
第２項　法定利率は年３パーセントとする。
第３項　前項の規定にかかわらず、法定利率は、法務省令で定めるところにより、３年を１期とし、１期ごとに次項の規定により変動するものとする。
第４項　各期における法定利率は、この項の規定により法定利率に変動があった期のうち直近のものにおける基準割合と当期における基準割合との差に相当する割合を直近変動期における法定利率に加算し、又は減算した割合とする。

（３）債務の個人保証

　個人保証人が予想外の多額の保証債務の支払いによって生活の破綻に陥ることが社会問題となっており、これの禁止を求める意見が多かった。他方で、保証契約は、担保となる不動産を持たない債務者が融資を受けるために重要な役割を果たしている面も否定できない。そこで、改正案では、一定類型の保証人の保護を拡充し、不特定の債務を保証する根保証については責任の限度額を定めていなければ無効とする規定を定める一方で、事業のために負担した債務を保証する場合には、公証人による公正証書作成手続きを執らなければ無効とする規定を設けた。これは事業に係る債務についての保証契約の特則として規定されている。ただし、経営者が自らの経営する会社の債務を保証する場合には、迅速に融資を受ける必要から、公正証書作成の手続きを省くことが出来る。

改正案第 465 条の 6
事業のために負担した貸金等債務を主たる債務とする保証契約又は主たる債務の範囲に事業のために負担する貸金等債務が含まれる根保証契約は、その契約の締結に先立ち、その締結の日前１箇月以内に作成された公正証書で保証人になろうとする者が保証債務を履行する意思を表示していなければ、その効力を生じない

（４）定型約款について

　大量の取引を行う事業者は、契約内容をあらかじめ定めた定型的な条項を作成し、多くの取引活動に利用している。しかし、内容を十分に吟味出来ない相手方である場合には、約款作成者が自己に好都合な内容を盛り込むことも可能であり、相手方は一方的に不利になる。これは特に現代型取引であるインターネットを利用した取引活動の際に問題となる。この点については世界的には整備が進みつつあり、今回の改正案にも是非、一定の制限規定を盛り込む必要があった。これにより信義則に反して相手方を一方的に害する条項は契約内容と出

来ないことになり、不当な条項には拘束力が生じないことが示された。これは特に消費者保護を意識して規定した内容ではないが、結果的に消費者保護の観点からも役立つ規定となる。

改正案第548条の2
第1項　定型取引（ある特定の者が不特定多数の者を相手方として行う取引であって、その内容の全部又は一部が画一的であることがその双方にとって合理的なものをいう。）を行うことの合意をした者、次に掲げる場合には、定型約款の個別の条項についても合意をしたものとみなす。
第2項　前項の規定にかかわらず、同項の条項のうち、相手方の権利を制限し、又は相手方の義務を加重する条項であって、その定型取引の態様及びその実情並びに取引上の社会通念に照らして第1条第2項に規定する基本原則に反して相手方の利益を一方的に害すると認められるものについては、合意をしなかったものとみなす。

C．改正の背景

　今日、EU および NAFTA に代表される巨大統一市場が生まれ、これらが領域を拡大しようとしている。日本を取り巻く経済状況を見ても、各国との FTA を個別に結ぶだけでなく、TPP の成立に向けて大きな前進を見せている。これらの経済圏が拡大して、いずれ、太平洋・北米・欧州を横断する巨大市場が生まれつつあることを多くの者が意識し始めているのである。したがって、日本の民法・債権法（特に契約法）も、国際的に通用するような内容、すなわち、統一化されて行く巨大市場におけるモデル法たる地位を勝ち得るような内容にすることが実務家および事業者から要請されている。しかし、この問題の背後には大陸法と英米法との融合という複雑で困難なテーマが控えている。専門家の中には、今回の改正作業をこれまでの民法の解釈と判例の積み重ねを蔑ろにするものだとして鋭く批判する者も少なくない。

　しかし、報道は概ね改正を好意的に捉えているのが特徴的である。すなわち、事業家の側から見ると、日本企業と外国企業との契約において、あるいは日本企業同士の契約においても準拠すべき法を自ら解釈できず、いちいち専門家の手助けを必要とする不便は大きい。世界的なビジネス環境の共通化が進んでいる時に、準拠すべき法体系が難解な解釈を必要とする点は短所となる。条文は詳細であるが具体的で明瞭である方が事業者には使いやすい。

第2部：会社の運営と商取引

〔学ぶ内容〕

会社組織と資金調達、商取引の仕組み

★今回のテーマ
会社の種類

A．持分会社・株式会社

社員（＝経営者）の責任限度や情報公開義務の多少による

持分会社の種類

合名会社：全員が無限責任社員

合資会社：無限責任社員と有限責任社員

合同会社：全員が有限責任社員

株式会社の場合には、資本金を出資した権利を「株式」と呼ぶが、持分会社では出資した権利を「持分」と呼ぶ。また、会社法では出資者のことを「社員」と言い、これは「従業員」とは異なる。

持分会社とLLP

株式会社以外			
	持分会社		ＬＬＰ
種　類	持分会社 （合名会社）	持分会社 （合資会社）	持分会社 （合同会社）	＊ＬＬＰ （有限責任事業組合） ― 特別法による ―
社員の責任限度	無限責任	無限責任 有限責任	有限責任	法人ではないので、社員ではなく組合員となる。無限責任
資本金	条件なし		
税	法人税		個人所得
主な目的	専門家の法人化 小規模会社の運営		専門家の副業

★今回のテーマ
会社の種類

A．持分会社・株式会社

社員（＝経営者）の責任限度や情報公開義務の多少による

持分会社の種類

合名会社：全員が無限責任社員

合資会社：無限責任社員と有限責任社員

合同会社：全員が有限責任社員

株式会社の場合には、資本金を出資した権利を「株式」と呼ぶが、持分会社では出資した権利を「持分」と呼ぶ。また、会社法では出資者のことを「社員」と言い、これは「従業員」とは異なる。

持分会社とLLP

株式会社以外			
持分会社			**ＬＬＰ**
種　類　　持分会社（合名会社）	持分会社（合資会社）	持分会社（合同会社）	＊ＬＬＰ（有限責任事業組合）― 特別法による ―
社員の責任限度　無限責任	無限責任／有限責任	有限責任	法人ではないので、社員ではなく組合員となる。無限責任
資本金　条件なし			
税　法人税			個人所得
主な目的　専門家の法人化／小規模会社の運営			専門家の副業

Ｂ．公開会社・非公開会社

　　　＊非公開会社＝株式譲渡制限会社

　株式譲渡制限会社は、経営の安定を目指す

　では、公開会社　→　株式の上場…　で、何を目指すのか？

Ｃ．上場会社・非上場会社

(1) 証券市場

(2) 証券取引所の提示する上場基準

　　上場基準を満たしていることが必要　→　審査に合格

　　　＊発行済株式数・株主数・純資産・利益・配当などについて審査する

(3) 上場後の経営権

株式会社の種類

株式会社		
社員（出資者）の責任限度	資本金の条件なし 社員は出資額までの有限責任	
資本金	制限なし	
組　織	株主総会 取締役（最低１人） 監査役（置かなくてもよい。外部に監査を依頼してもよい。）	
情報開示	株式会社なので、信頼度の高い情報公開が求められる。	
株　式	非公開会社 （株式譲渡制限会社） 株式の譲渡に際して、会社の承認が必要。	公開会社 株式の譲渡に際して会社の承認は不要。ただし、種類株式として複数の種類の株式を発行することはできる。
将来性	株式市場へ上場できない 株主が限られているので、経営は安定する。	株式市場に上場できる 将来性が高い場合には、市場から大きな投資が期待できる。 株主の利益を図る経営を求められる。 企業買収も可能となるので、種類株式を発行し、買収に備えることが必要。

★今回のテーマ
株式譲渡制限会社

A．株式譲渡制限会社

　株式譲渡制限会社（非公開会社）は小規模の安定した経営をめざす会社に向いている。かつては有限会社法による有限会社の設立が出来たが、現在では有限会社法を廃止して株式会社に統一した。しかし、小規模な組織の会社であるとか、家族経営の会社にとっては通常は株式の上場は目標にしていないし、それよりもむしろ相続などにより当該社とは直接関連のない第三者に株式が譲渡されてしまうと株主総会における波乱要因となり得る。そこで、会社法では株式会社に株式譲渡制限会社を設け、この会社形態を採れば、少数株主であり、かつ当該社に関連の深い者だけを株主にして安定的な会社経営が出来るような仕組みとしている。具体的には、株式譲渡制限会社においては、親族（息子・娘・伯父など）や取引先の会社、従業員に株式を所有してもらうことが多く、彼らに相続等の事由が生じても会社の了承がなければこれを他人に株式譲渡出来ない仕組みを採っているので、安定的な株主構成を採ることが出来る。

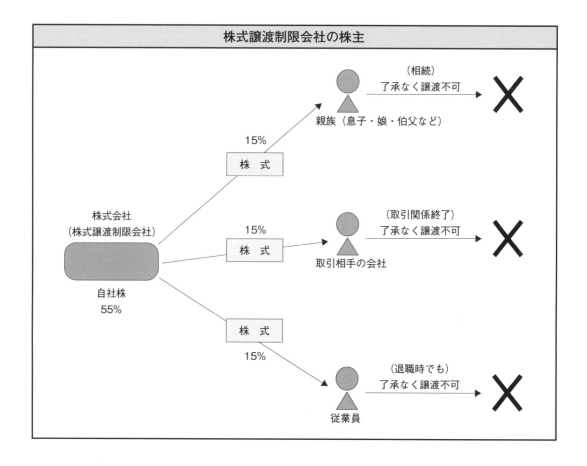

★今回のテーマ
株式の上場と審査基準

A．株式の上場

　株式市場には大きく分けると一部市場、二部市場、新興市場、店頭市場（＊日本では現在、店頭市場は開かれていない）の４種類があり、上場の際には市場ごとに審査基準が設けられている。また、市場では、一般に株式の上場のことを「IPO」（Initial Public Offering）と呼んでおり、知名度の高い会社がIPOを行う際には、市場でも大変な人気となることがある。ところで、会社は一体、何のために株式を上場するのであろうか？　その理由は大きく分けると３つある。

> ＊上場企業は、証券市場において公募による時価発行増資、新株予約権付社債などの発行等、直接金融の道が開かれ、資金調達力が増大することにより、体質の改善や充実を図ることができる。

> ＊上場企業となることによって社会的に認知され、また将来性のある企業というステイタスが得られ、会社の知名度の向上、取引先や銀行に対する社会的信用力が高まり、優秀な人材の確保にも繋がる。

> ＊上場に際し、株主の充実を図る結果、個人経営企業から脱却し、内部管理体制の充実により組織的な会社運営を行う転機となる。

B．上場の際の審査基準

東京証券取引所を例に取って審査基準を掲げると以下のようになる。

	東証一部	東証二部	マザーズ
株主数	2,200人以上	800人以上	300人以上
流通株式	2万単位以上 35％以上の流通比率	4000単位以上 30％以上の流通比率	2000単位以上 25％以上の流通比率
上場時価総額	500億円以上	20億円以上	10億円以上
事業継続年数	3年以上	3年以上	1年以上
純資産の額	10億円以上	10億円以上	規定なし
利益の額	最近1年間に4億円以上 （他）	最近1年間に4億円以上 （他）	規定なし

★今回のテーマ

株 式

A．株式についてのポイント

●株式会社のうち公開会社は自社株を取引市場に上場することができる

●株式の発行や取引は、法により厳しく規制される

＊会社法や金融商品取引法等

●取引を仲介する証券会社の設立には認可が必要である

●発行された現物の株券を保管する第三者機関の存在

＊証券保管振替機構

●インターネットの普及による情報収集や取引の進展

＊情報収集の電子化　→　取引の電子化　→　証券自体の電子化

●金融商品の発達

＊信用取引、投資信託、金融保証商品、社債連動型他

B．証券市場の仕組み

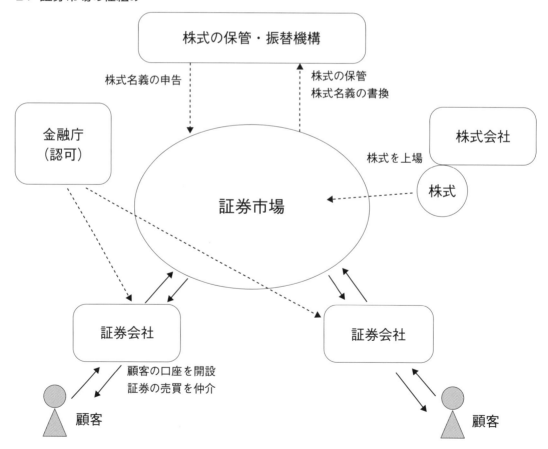

C．証券市場へ上場する

（1）証券市場の役割

（2）株式の上場と証券取引所の提示する上場基準
　　　上場基準を満たしていることが必要　→　審査に合格
　　　＊発行済株式数・株主数・純資産・利益・配当などについて審査する

（3）上場後の経営権への影響

（4）公募・売出価格の決定

（5）証券会社の役割

（6）証券保管振替機構の役割

D．株価の形成

（1）取引時間
　　　＊取引内時間
　　　＊取引外時間

（2）企業業績
　　　＊配当
　　　＊キャピタルゲイン

（3）コンプライアンスと情報開示
　　　＊IR 活動

（4）株価に対するマクロ経済の影響
　　　＊株価指数
　　　＊インデックス取引

★今回のテーマ
株式の上場と株券の発行

Ａ．公開会社

　　←→株式譲渡制限会社（非公開会社）

　　株式譲渡制限会社は、経営の安定を目指す

　　では、公開会社　→　株式の上場…　で、何を目指すのか？

Ｂ．証券市場へ上場する

（１）証券市場

（２）証券取引所の提示する上場基準

　　　　上場基準を満たしていることが必要　→　審査に合格

　　　　＊発行済株式数・株主数・純資産・利益・配当などについて審査する

（３）上場後の経営権

（４）公募　→　売出価格

Ｃ．株式を上場する目的

（１）信用力

（２）市場からの資金

（３）会社内部組織の洗練

D．株券の発行

(1) 市場で表示される株価は 1 株の値段であり、多くは取引単位とは異なる。

(2) 取引は単位による。

＊原則は 1000 株単位だが、100 株、50 株、10 株、1 株などの単位もある。

(3) 株券に表示されている額面額（例えば 1 株＝ 50 円）で取引されるわけではない。

(4) 株主が株券を実際に入手することも可能だが、現在ではその 7 割以上を証券保管振替機構（「ほふり」と呼ぶ）が保管している。

(5) したがって、株主の地位は株券の物理的な所持ではなく、株主名簿への記載により判断している。

(5) 2009 年より株券の電子化が進んでおり、将来的には「紙」媒体の株券は発行数が減少する予定。

[資料]

★今回のテーマ
株価の決定

A．上場の際の株価

　新規上場の際には、幹事役の証券会社がこれまでの事例を基に妥当な株価を予想して、購入希望者を公募する。その後、購入希望者が自分の購入したい価格と株数を提示することにより新規公開株の割り当てを決定する。この方法によって最初の株主が決定され、売出価格が決定した時点で株主が資金を口座に振り込むことによって会社は資金調達する。

上場の際の株価は下記の順で決定される
公募　→　売出価格　→　初値

B．上場による資金調達の仕組み

株式の新規公開

[事例] 株式を上場して資金調達する仕組みを示してみる。
東証マザーズへの新規上場を例に取ると、マザーズの審査基準は流通株式が 2000 単位以上で 25％以上の流通比率を持たなければならない。また、上場時価総額が 10 億円以上でなければならないので、下記のような例を設定する。

●全株式数＝ 1000 万株の会社
●売買単位＝ 1000 株
●公開株式数＝ 25％の 250 万株

…とすると、1000 株を 1 単位として 250 万株＝ 2500 単位を流通させることになる。

公募により、売出価格が ¥500 と決定した。
●売出価格＝ ¥500

したがって、新規公開の株式は総額で下記のようになる
　　　¥500（売出価格）× 2,500,000 株（25％）＝ ¥1,250,000,000
　　　（1 株 500 円）　　（250 万株）　　　　　（12 億 5000 万円）
つまり、今回の上場により、
12 億 5000 万円の資金が会社とオーナーの元に入ることになる。
これを「株式市場から 12 億 5000 万円の資金を調達した」と言う。

C．上場後の株価

　上場後の株価は株式市場で決定されることになる。株式の売買は指値注文が基本であり、売買は気配値を見ながら行っている。例えば、下記の図のように、売り気配が501円で注文数も多いのに対して、買い気配は500円で注文数が比較的少ない場合には、売り気配の方が強いので、500円で売買成立する可能性が高く、これが時価となる。

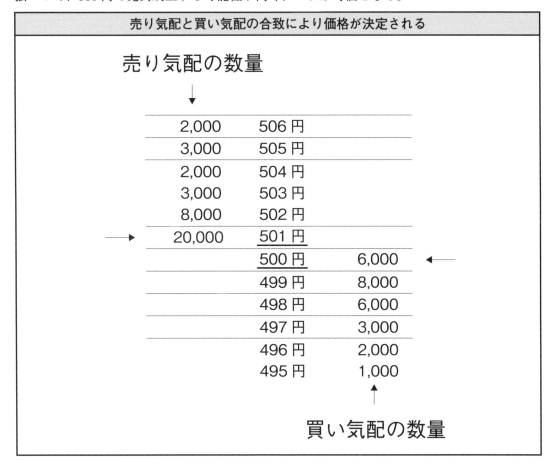

売り気配と買い気配の合致により価格が決定される		

売り気配の数量

2,000	506 円	
3,000	505 円	
2,000	504 円	
3,000	503 円	
8,000	502 円	
20,000	501 円	
	500 円	6,000
	499 円	8,000
	498 円	6,000
	497 円	3,000
	496 円	2,000
	495 円	1,000

買い気配の数量

D．会社の時価総額

　会社の規模を示す値に「時価総額」がある。時価総額とは、単純に株式数×株価で計算できるものであり、本来、流通している株数やその比率は会社によって異なるので、株価と全株式数を掛け算することに合理的な理由はない。したがって、これが正確な会社の規模を表すものでもない。しかし、時価で表示される株価はその会社の人気や勢いを示すものであるし、簡単に計算出来るので、便宜的に他の会社との比較に使うことが多い。

例えば、上記事例の会社の場合、株価500円で全株式数が1000万株であるので、

　　　＝「時価総額50億円の会社」ということになる。

もし、株価が700円に値上がりしたら、時価総額70億円の会社に変わる。

★今回のテーマ
資金調達と株主

A．株式市場での資金調達

なぜ株式を市場に上場すると資金を得られるのか？

→「市場から資金を得る」とか、「直接金融」とはどういう意味なのか？

B．株主

(1) 一般株主に対する情報開示

(2) 株主総会

(3) 経営権と種類株式

　　　優先株

　　　黄金株

(4) マクロ経済からの影響

株式の種類

1．優先株（1）＝他の株式より配当を多くする
2．優先株（2）＝会社を精算したときの残余財産を他の株式より多く分配する
3．議決権制限株式＝参加できない決議事項を設けられているもの
4．譲渡制限株式＝売買などでの取得に会社の承認を必要とするもの
5．取得請求権付株式＝株主がこの株式の取得を会社へ請求することができるもの
6．取得条項付株式＝一定の事由が生じたときに会社がこの株式を取得できるもの
7．全部取得条項付株式＝株主総会の決議で会社がこの株式をすべて取得できるもの
8．株主の拒否権付株式＝特定の事項につき株主に拒否権を持たせるもの（「黄金株」）
9．取締役・監査役先任権付株式＝この株式を持つ株主から取締役や監査役を選ぶことができる

C．新株

資金調達の方法

　　　(1) 新規公開

　　　(2) 増資

　　　(3) 新株発行予約権付きの社債

★今回のテーマ

株主と取締役

A．株主総会の役割

● 株主総会の開催

● 経営者（代表者や取締役）の選定

● 重要議題の議決

　（1）配当金の決定

　（2）新株の発行・株式数の変化についての是非

　（3）他社との合併や買収等についての是非など

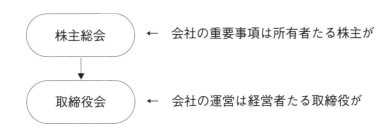

```
株主総会   ←  会社の重要事項は所有者たる株主が
   │
   ↓
取締役会   ←  会社の運営は経営者たる取締役が
```

B．会社の内部組織

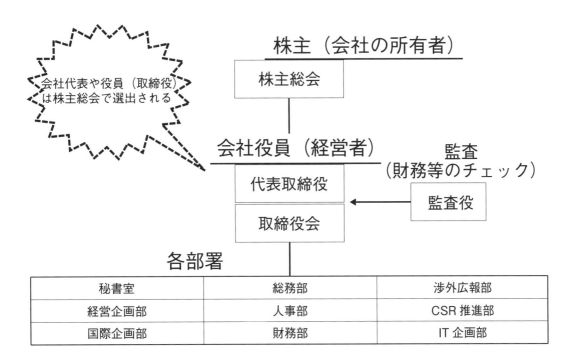

会社代表や役員（取締役）は株主総会で選出される

株主（会社の所有者）

株主総会

会社役員（経営者）

監査（財務等のチェック）

代表取締役 ← 監査役

取締役会

各部署

秘書室	総務部	渉外広報部
経営企画部	人事部	CSR 推進部
国際企画部	財務部	IT 企画部

★今回のテーマ
委員会設置会社

A．委員会設置会社の特徴

　委員会設置会社では、取締役とは別に経営の責任者としての最高経営責任者＝ＣＥＯ（Chief Executive Officer・代表執行役／最高経営責任者）を置くところに特徴がある。ＣＥＯは経営実務に責任と権限を持つトップマネジメント担当者である。

　委員会設置会社が登場した背景には、「企業統治（コーポレートガバナンス）」理論を徹底させ、企業の「所有」と「経営」を徹底分離する方がよいという考え方がある。両者を分離した上で、所有者（＝株主）を代理する取締役会が経営の業務執行を客観的に監督し、具体的な業務執行を行う執行役員（＝ＣＥＯやＣＦＯなど）を任命・監督するという形態を採ったものである。この執行役員のトップを「ＣＥＯ」と呼ぶ。米国企業にこの形態を採るものが多いので、「米国型コーポレートガバナンス」と呼ばれる。ＣＥＯは企業経営を行う上で大きな権限があり、成果を上げれば莫大な報酬を得るが、取締役会によって「成果を上げられない」と判断された場合はすぐに解任させられる。日本の商法では2003年の商法改正で「委員会等設置会社」（＊現行では「委員会設置会社」）が認められるようになり、「代表執行役」「執行役」が設置できるようになった。

他の執行役
ＣＯＯ「最高執行責任者」(Chief Operating Officer) 　業務執行役員の役職の一つ。CEO が定めた経営方針や戦略の下、企業の日常業務を執行する責任者で、実質的に企業のナンバー２といえる。社長と兼務することが多く、日本でも「社長」を比喩的に「COO」と称することがある。 ＣＦＯ「最高財務責任者（財務担当役員）」(Chief Financial Officer) 　企業の財務戦略の立案や執行に責任を持つ執行役員の一つ。従来型会社組織では、経理・財務部長ないしは管理部門の責任者に該当するが、委員会設置会社では、部門の長ではなく経営陣の一員として経営上の意思決定、特に何に経営資源を集中すべきか、財務戦略をどのようにするかという経営判断をまかされる重要なポストである。

B．取締役と業務執行役の役割

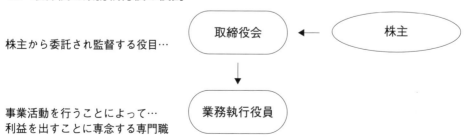

株主から委託され監督する役目…　取締役会 ← 株主

事業活動を行うことによって…
利益を出すことに専念する専門職　業務執行役員

C．取締役会における委員会の役割

取締役会 （意思決定）		執行役員会 （業務執行）
指名委員会	経営戦略指示 →	最高経営責任者 （CEO）
監査委員会		最高財務責任者 （CFO）
報酬委員会	成果報告 ←	最高執行責任者 （COO）

D．委員会設置会社における内部組織

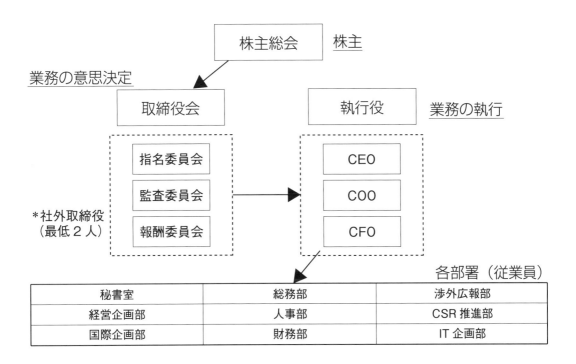

★今回のテーマ
約束手形の発行

A．有価証券とは？
　株券、約束手形、小切手、図書券、商品券など

B．商取引の決済方法
　現金決済、口座振込、債権譲渡などが用いられるが、有価証券を用いた支払いもしばしば利用される。

C．約束手形による決済の機能
1．メリット（長所）
<u>振出す側（買主）から見て：</u>

手許（手元）に代金分の現金がなくても、約束した期日（支払期日＝満期）までに現金を準備すればよい。満期が数カ月先であれば、その間、当該事業資金を他の支払いや事業に当てることができる。つまり、手持ち資金よりも多くの資金繰りができることになる。

<u>振出しを受ける側（売主）から見て：</u>

満期が来ていない手形であっても、これに裏書することにより、他人から当該資金分の支払いを受けることができる。つまり、手形を流通させることにより、振出し側の事情に関係なく、現金を手にすることができることになる。

上記双方のメリットから考えると、世の中に流通する現金を2倍に増やす結果となる。これを「信用創造」と呼ぶ。

2. デメリット（短所）

約束手形が通常の現金と異なる点は、満期があることであり、その結果として満期時に現金化できないリスクが発生するのである。これは、「不渡」と呼ばれ、会社が倒産する原因ともなるが、その原因は、主に振出す側（買主）の資金の有無によるものと、これとは別に、手形の要件に合致しないことによるものとに分かれる。

D．要件

約束手形により口座から支払いを受けることができる要件は、次の9要件である。

これらの要件が満たされないと、有価証券として成立しない。

　　①「約束手形」であることの明示

　　②手形と引き換えに支払う旨の文言

　　③金額

　　④支払期日（満期）

　　⑤支払地

　　⑥受取人

　　⑦振出日

　　⑧振出地

　　⑨振出人の署名

[資料]

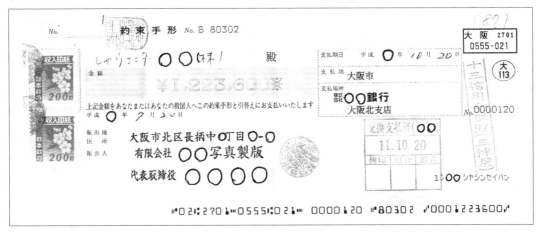

＊経済産業省は紙の約束手形について、5年後（2026年）をめどに事実上廃止する計画を策定するよう各業界団体に求め、代替手段として銀行振り込みや電子手形への移行を進めることにした。

★今回のテーマ
フランチャイズ契約の特徴

A．フランチャイズ・システム

　自社で店舗を直接運営するのではなく、フランチャイザー（FC本部）が、販売権や商標、ノウハウ、店長の訓練などを提供し、フランチャイズ契約を結んで、これを受ける側をフランチャイジー（加盟者・加盟店）と呼ぶビジネス形態である。FC本部は、自己の持つ商号・商標（＝知的財産権）を使用する権利を認め、自己の提供する商品やサービスを販売する権利と伴に、営業上のノウハウ提供や商品陳列方法、店長訓練まで行うのが契約内容である。通常、これらを総称して「フランチャイズパッケージ」と呼ぶ。これによりFC本部は自己と同一のイメージ（＝ブランド）で加盟店（フランチャイジー）に営業を行わせ、加盟店はこれに対して対価（＝「ロイヤリティ」・「使用料」）を支払うことになる。

　世界初のフランチャイズは米国のケンタッキーフライドチキンと言われているが、日本ではダスキン（清掃用具のレンタルチェーンストア）がフランチャイズ展開をしたのが早く、よく知られているのは、1970年代からフランチャイズ方式を取り入れたセブンイレブンやモスバーガーなどである。現在では、フランチャイズの業態形態を採る業界は、コンビニなどの小売業のほか、ラーメンやファストフードなどの外食産業、不動産販売、自動車の整備、フィットネスクラブ、学習塾などのサービス業に至るまで、多岐にわたっている。

B．契約関係と商品の流れ

　下記の場合、フランチャイズ・システムの中核にあるのは、「セブンイレブン」の商標をもつ（株）セブンイレブン（＝FC本部）であり、その他の業者は、互いに小売り店舗と契約関係にあるのではなく、（株）セブンイレブンとの契約関係にある。一般消費者がコンビニの「セブンイレブン」に行く場合には、セブンイレブンの商号を使用する許可を得た業者がその看板を掲げ、営業している店舗に出向いて買い物をしているという関係になる。この場合、当該店舗は、単なるブランドとしての「セブンイレブン」を表示するだけでなく、商品の納入や陳列方法、価格、販売員の接客態度、服装、販売時間に至るまで、フランチャイズ契約の内容に従って行われている。

[事例] コンビニエンス・ストアにおける契約関係と商品の流通経路

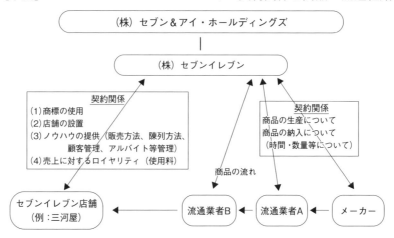

C．フランチャイズ契約の特徴

（1）一定のビジネスモデルによる全国展開が可能

意欲のあるフランチャイジーを見つけ、商標やノウハウの伝授により一気に店舗数を増大させることが出来る。店舗を持つオーナーはもちろん、店舗を持たないオーナーであっても意欲があれば店舗経営が出来るので、新規店舗を展開しやすい。

（2）コスト低減

店舗と人件費

自社による全国展開であれば、人材の育成にかける教育費や人件費は時間とお金がかかる。しかし、フランチャイズ契約の場合には、店長以下数名を訓練すれば、後は各店舗が自ら人材育成を行なってくれるので、最小限のコストで済む。

商品

販売する商品やサービスを全国展開出来るので、その分、一回当たりの販売ロットが大きくなり、仕入れ値を下げることが出来る。力関係から言っても、商品生産メーカーと同等あるいはそれ以上の力を持つことが出来れば、仕入れ値についてはかなり自由に設定出来るようになる。

（3）顧客情報

各店舗に POS レジを設置して、販売店の顧客情報を集計することが出来るので、どの地域にどのような商品が販売力を持つかを情報として知ることが出来る。その結果、別個にマーケティングを行なう必要がなく、日々、顧客の動きをつかむことが出来る。

（4）商品開発

（2）で見たように、販売店が全国展開しているので大量の商品を扱うことが出来る、また（3）で見たように顧客の動きやニーズを知ることが出来る。その結果、ヒットするであろう新商品を自ら企画し、全国の店舗で販売することが出来る利点がある。商品生産メーカーも、新商品を全国的に販売してもらえるので、当該ブランド向け商品を開発してもコスト割れにはならないし、メーカー自身が新商品の売れ行きから市場動向を探る手がかりを得ることが出来る。

（5）他のサービスの提供

多くの顧客を集めることが出来、また顧客のニーズも知ることが出来るので、他のサービスを展開する場合にでも、ある程度、顧客の動きを予測することが出来る。したがって、ある程度の確率で成功することが分かっているサービスを新サービスとして商品化することが出来る。

[事例]　サークルＫサンクスのフランチャイズ契約内容

契約タイプ	SA2 タイプ（持ち店舗あり）	SC2 タイプ（持ち店舗なし）
初期費用	契約預託金：300 万円 店舗建築・内装費：2,500 万円 備品代金：150 万円 商品代金：230 万円 免許申請費用等：50 万円 合計 3,230 万円	契約預託金：300 万円 店舗建築・内装費：必要なし 備品代金：150 万円 商品代金：230 万円 免許申請費用等：50 万円 合計 730 万円
ロイヤリティ	月額売上総利益 600 万円未満＝ 30% 600 万円以上 750 万円未満＝ 19% 750 万円以上＝ 14%	月額売上総利益 240 万円未満＝ 37% 240 万円以上 340 万円未満＝ 57% 340 万円以上＝ 62%
契約期間	10 年間	
雇用関係	従業員はオーナーが直接雇用	
営業時間	24 時間年中無休	

［資料］顧客情報の収集と管理 ― POSレジの利用

POSレジとは？
POS（Point of Sale system）を導入した売上管理の端末レジのこと
個別商品単位での売上実績集計システムであり、「販売時点情報管理」システムとも呼ばれる。

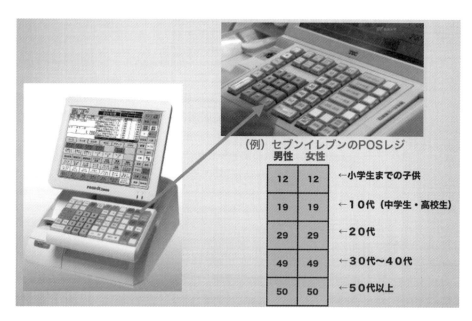

（例）セブンイレブンのPOSレジ

男性	女性	
12	12	←小学生までの子供
19	19	←10代（中学生・高校生）
29	29	←20代
49	49	←30代～40代
50	50	←50代以上

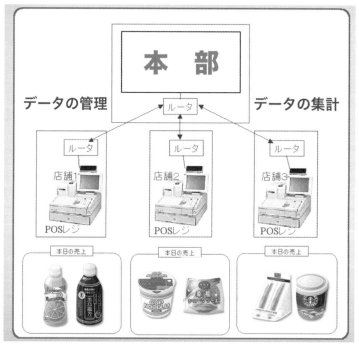

メ　モ

★今回のテーマ
ストックオプション制度

A．ストックオプション制度

（1）ストックオプションの意味

　ストックオプション（stock option）の商法上の元々の意味は「株式買受権」あるいは「新株発行権」である。「option」は一定の証券を一定の期間内に所定価額で相手方から買い受けたり売りつけたり出来る権利のことである。option はさらに「call」（＝買付選択権）と「put」（＝売付選択権）に分かれる。しかし、通常「ストックオプション制度」と言う場合には、会社が取締役や従業員に、あらかじめ定めた金額（＝「権利行使価額」と言う）で自社の株式を取得できる権利を与え、取締役や従業員は、将来、株価が上昇した時点で権利行使を行い、会社の株式を取得後、市場で売却することによって、株価上昇分の報酬が得られるようにした制度のことである。つまり、現金によるボーナス支給の代わりにこれらの者への報酬を自社の株価上昇に連動させて支払う制度のことである。

（2）原資となる株式

　会社がストックオプションで取締役や従業員に自社株を取得させる場合には、自社の所有する金庫株を与える方法と、新たに新株を発行して与える方法とがある。いずれの方法によっても、株主の構成に変化をもたらすので、株主総会の特別決議を経なければならない。

（3）目的

　通常のボーナスと異なり報酬額が企業の業績向上に株価の上昇と直接連動することから、権利を付与された取締役や従業員の株価に対する意識は高まり、業績向上へのインセンティブ（＝業績向上への積極的な意欲）となる。

B．ストックオプション制度の長所と短所

このストックオプション制度には長所と短所がある。

長所（メリット）：
- （1）インセンティブ効果がある
  　会社の業績＝株価＝自分の報酬額とが直接連動しているので、会社の業績に対してやる気を出す効果が高い。
- （2）報酬コストを減らすことができる
  　会社は、金庫株の放出か、または新株の発行によって従業員への報酬に当てる事が出来るので、結果的に現金による報酬の支払いを減らすことができる。
- （3）優秀な人材を確保できる
  　急成長の会社などは、株価上昇による多大な報酬を得られる可能性があるので、規模の小さな知名度の低い会社でも優秀な人材を確保することができる。

短所（デメリット）：
（1）従業員の不平等感や士気の低下
　　取締役に限定されたり、特定の従業員に付与される場合が多いので、他の従業員が不平等感を持つ場合がある。また、株価が低下した場合には報酬そのものが低下することになるので、失望感につながり、従業員の士気の低下をもたらす場合がある。
（2）経営陣のモラルの低下を招くおそれ
　　経営陣が報酬の増大化を図るため株価第一主義となり、場合によっては、不当な決算処理や株価対策などモラルの低下した会社経営を行うおそれがある。

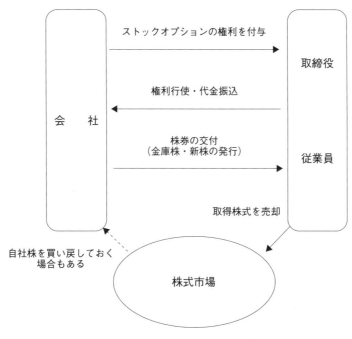

（図）ストックオプションの仕組

［事例］

未上場会社で現在はまだよく知られていない会社でも、入社時に、給与とは別に「普通株式50,000株分の購入権を一株当たり300円で5年満期で与える」という待遇条件を提示する。

↓

入社後最初の1年間は権利を行使出来ないが、1年経過後に、総株数の満期年数分の一（＝1/5）の株数分の権利が執行可能（＝10,000株）になる。

↓

業績が好調で、期間中に会社が上場して株価が上昇（＝例えば時価で一株1500円）すれば、報酬額が上がる。

↓

会社の業績に連動するので、会社は資金を使わず、従業員に多額の報酬を与えることが出来る。

★今回のテーマ
株式のインサイダー取引禁止

A．インサイダー取引とは

インサイダー（insider）とは内部者のことで、「インサイダー取引」とは、会社の内部情報を知っている者が、他の者に先んじて株式等の証券取引を行うことを言う。

このインサイダー取引は、金融商品取引法（旧証券取引法）で禁止されており、これに反すると、行政処分としての課徴金を徴収されたり、刑事罰の対象にもなる。

金融商品取引法は、163条で、役員や主要株主の売買については報告義務を定めるなどの規制を定めているが、166条で、内部者が重要事実の公表前に証券取引を行うことを原則的に禁止し、167条で、その関係者も内部者取引規制に含めることを規定している。

内部者

> （1）会社の役員その他の従業員で、重要事実を知った者
> （2）会社の帳簿を閲覧できる株主で、重要事実を知った者
> （3）当該会社の親会社の役員その他の従業員で、重要事実を知った者
> （4）法令上会社の内部情報を知ることが認められている者（内部情報照会権限をもつ公認会計士や弁護士など）で、権限行使に伴い重要事実を知った者
> （5）会社と契約を締結しまたは締結しようとしている者（または法人の従業員）で、重要事実を知った者
> （6）（1）～（5）に掲げた者でなくなってから1年未満の者で、重要事実を知った者
> （7）（1）～（6）に掲げた者から重要事実の伝達を受けた者

重要事実の公表前

> 重要事実の公表前とは、以下の場合をいう。
>
> ●上場会社の代表取締役またはその受任者が、2以上の報道機関に対して重要事実を公開したとき（記者クラブにおけるプレスリリースなどがこれにあたる）から12時間が経過する前（「12時間ルール」という）
> ●重要事実が証券取引所のインターネットのサイト上に掲載される前
> ●重要事実の記載のある有価証券報告書などが公衆の縦覧に供される前

B. ポイント

ポイント1

インサイダー＝「内部者」と言っても、会社内部の者だけではなく、

- ●「重要事項を知り得る者」や、
- ●「重要事項の伝達を受けた者すべて」を言う。

ポイント2

重要事項を知った場合でも、公に公表された後、12時間を経過すれば違法な取引とはならない＝インサイダー取引とはならない。

C. インサイダー取引に対する制裁

行政罰

商法や会社法自体は民事・商事法であり、訴訟で争う場合には民事訴訟となる。しかし、場合によっては監督官庁からの行政指導や悪質なものには行政罰が科せられることがある。

> **行政命令としての課徴金の徴収**
> インサイダー取引によって利益を得た場合には、金融庁（が内閣総理大臣の委任により）が、行政命令を出し、得られた利益に相当する額の課徴金を国庫に納付させる命令を出すことができる。

刑事罰

民事法や商事法は、刑事法の分野とは異なり、犯罪を取り締まるための法律ではない。したがって、商法や会社法の規定に反しても法律違反ではあるが、犯罪行為とは異なり、通常は刑事罰は科されない。しかし、特別背任行為やインサイダー取引行為は、外形上は商行為であるが、その社会的な責任の重さや性質の重大さから刑事罰が科せられることがある。

> **刑事罰の内容**
> (1) 3年以下の懲役もしくは300万円以下の罰金、またはこれらの併科
> (2) 得られた財産の没収または追徴
> (3) 法人の場合は、行為者を罰するほか、当該法人も3億円以下の罰金が科せられる。これを「両罰規定」と呼ぶ。
>
> ＊なお、刑罰が科されるのに利益が生じたか否かを条件とはしない。

★今回のテーマ
企業コンプライアンス

A．コンプライアンスとは？

Corporate Compliance：法令等の遵守、コンプライアンス

＊compliance：応じること、応諾、従うこと、受け入れ

　企業コンプライアンスについての議論は、企業統治（ガバナンス）論を支える支柱の一つである。この「企業コンプライアンス」あるいは単に「コンプライアンス」が盛んに議論されるようになったのは、1990年代の終わり頃より米国で企業不祥事がいくつも起こり、企業統治のあり方を中心に鋭い議論が生じたことが契機となっている。企業統治の問題はもっぱら経営者の問題に終始するのに対し、コンプライアンスの議論ではしばしば経営側だけでなく従業員側の業務のあり方まで含んだ広い議論になっている。コンプライアンスはしばしば「法令等の遵守」と表現されることも多いが、これだけでは不十分で、単に法律に従うということだけでなく、社会規範たる倫理や道徳問題、社会常識、さらには広く社会貢献まで含んだ用語である。

B．［事例］オリンパス事件

事件の概要
オリンパス株式会社はデジタルカメラ事業や医療分野で使われる内視鏡の製造・販売でグローバルに事業展開する大手企業である。このオリンパスは1990年頃から金融財テクに関連して有価証券投資等で多額の損失を出した。財務状況は一貫して良好であったが、歴代の社長は財テクの損失を長年隠し、損失計上を先送りしてきた。菊川が社長となった際に、損失の解消を図るべく算段し、何件かのM&Aとそれに関わるコンサルタント料および手数料経費として支出する方法を実行し、一気に損失解消に動いた。具体的な資金の流れは、英国 Gyrus Group PLC の買収に際しアドバイザーに支払った報酬や優先株の買い戻しの資金や国内企業である株式会社アルティス、NEWS CHEF 株式会社、株式会社ヒューマラボの買収のために複数のファンド間を通した資金である。オリンパス取締役の中でも、この件について知っていたのは当時 CEO の菊川、副社長の森、監査役の山田の3名のみであり、社長のウッドフォードにも知らされていなかった。ウッドフォードは独立系の報道誌である FACTA の記事でオリンパスの財務に関する疑惑を知り、菊川らに真偽を確かめたところ、不可解な返答であったので、さらに疑惑を深め、全取締役に数回に渡るメール配信を行って、事件の真相を知ろうと努めたところ、突然、臨時の取締役会が開催されて、「独断専横な経営を行った」という理由でウッドフォード自身が社長職を解任されてしまった（2011年10月14日）。解任後、ウッドフォードは

英国経済紙フィナンシャル・タイムズの記者に事情を話し、関係資料も渡してオリンパスの粉飾決算疑惑とこれにまつわる自身の解任について掲載することに成功した。海外のメディアであるウォール・ストリート・ジャーナルやニューヨーク・タイムズなどがオリンパス事件を一斉に報道したことにより、それまでは沈黙を続けていた日本のマスメディアも海外記事を転載するようになり、日本国内でも疑惑が広く知られるようになった。事件の発覚によりオリンパス株は東京証券取引所の管理銘柄に指定され、上場廃止が検討された。事件発覚後、菊川らは職を辞し、新社長には技術畑出身の高田が就いたが、高田も「社内機密情報の漏洩」を理由にウッドフォードへの非難を続けた。他方、ウッドフォードをもう一度社長に復帰させるためのサイト「グラスルーツ（草の根）」には、多くの従業員とその家族、OB、一般市民から賛同の声が寄せられ、オリンパスの社内改革が熱望されたが、株主や融資銀行などがこれを支持せず、結局、ウッドフォードは復帰を諦めることになった。2012年9月下旬にはオリンパスがソニーに対して第三者割当増資を行い、資本業務提携することが決まった。また、オリンパスの新社長に医療内視鏡事業の技術出身者である笹宏行が就任した。

事件の論点

　社長であったウッドフォードはFACTAにオリンパス疑惑記事が掲載されると、菊川らを初めとする全取締役に過去の不正が疑われるM&Aについて解明を求める計6通のメールを送った。しかし、逆に臨時取締役会で全員一致で（＝本人には議決権無しとされた）ウッドフォードを解任した。問題点を指摘した社長自身を全員一致で解任してしまったことは役員会に自浄作用がなかったことを示している。

　オリンパス事件をめぐる問題点をまとめると、

(1)取締役全員に自浄能力無し。日経新聞のOBも参加する社外取締役も設けてあったが、チェック機能としてまったく機能しなかった。ウッドフォード解任の際に、オリンパス経営陣が守ろうとしていたのは、会社や株主ではなく、前社長でありCEOであった菊川個人だった。そういう意味で、自浄作用面で取締役会が機能していたとは言えない。

(2)　日本の大手ジャーナリズムの取材力の問題。独立系の情報誌FACTAがオリンパスの財務問題を報じたが、大手メディアはこれを無視していた。オリンパスはTVや新聞、雑誌などの大スポンサーになっており、メディアを味方に付けているために都合の悪い記事を書かせない体制が出来ていた。仕方なくウッドフォードが頼ったのは英国紙のフィナンシャル・タイムズであり、日本の大手メディアが本格的な取材を始めたのは海外報道の後であった。（FACTAを主催しているのも日経新聞出身者というのは皮肉である。）企業のガバナンスは、社会の批判の目に対して敏感であろうとすることが重要であり、結局、健全なジャーナリズムなくしては成り立たないとの理解が大切である。

（3）株主である機関投資家にも事件に興味を持ち解明する意思無し。日本企業特有の慣習として株式の持ち合い問題がある。売却もしなければ批判もしない暗黙のルールが厳しいガバナンスの妨げになることがある。また、下記（4）とも関連するが、資金の貸し手である大手銀行自身が実は大株主でもあることが利害関係を複雑にする。

（4）オリンパスのメインバンクは三井住友銀行であったが、同行は大株主でもあり、シンジケートローン（プロジェクト企画）の幹事役でもある。これに継ぐ三菱東京UFJ銀行もオリンパスに対しては同様の地位にあった。つまり株主利益とビジネス上の利益とが複雑に絡み合っており、どちらを優先するかは大手銀行次第ということになる。

（5）内部告発者の保護。企業における内部告発とは、組織内部の労働者が所属組織の不正や法令違反などを監督機関や報道メディアに通報することを言う。法的には2006年に施行された「公益通報者保護法」があり、内部告発を行った労働者が保護される仕組みになっているが、社内的・社会的には「裏切者」として扱われる側面も否定出来ない。

C．コンプライアンスをめぐる諸相

　コンプライアンスを単に法令の遵守と捉え、個人情報の保護や金銭管理、セクハラ、パワハラ対策などに関する「社内規定」や「問題対策マニュアル」ばかりを作って管理する会社や組織も少なくない。コンプライアンスの必要性が分かり知識も普及させているはずのこういう会社で、案外、不正が多くなる傾向にあるのは、問題対処型システムに限界があるからである。コンプライアンスをルールを守ることという矮小な問題から、人としての規範や個人が常識としてもっている理念、社会に共通してある規範や原則に広げ、そこから見た場合に「会社としてどうなんだ？」「組織としてどうなんだ？」という問題意識を共有することが重要である。規則に終始する会社においては、従業員が細かな規則や命令にがんじがらめにされて柔軟な対応が出来ず、結果的に会社の競争力の低下にも繋がる。したがって、コンプライアンスの本質は、会社経営の柱となる哲学の一部のようなもので、株主、経営者、従業員、顧客いずれにも支持されるべき理念である。コンプライアンスの文字上の意味は「法令等の遵守」であるが、その本質から見れば「経営の質を高めるための根幹」であると言える。

メ　モ

★今回のテーマ
会社の内部統制（コーポレート・ガバナンス）

A．コーポレート・ガバナンスとは？

Corporate Governance ＝ 会社の内部統制

企業を統治すること＝具体的には企業をどうやって公正に統治するのかという問題

B．なぜ「コーポレート・ガバナンス」が問題とされるようになったのか？

　会社を設立して、これを経営しても（育てても）、その実態が不正な方法や違法な方法で行われていては社会的な信用が失われ、その結果として会社の倒産の際には、関係者（取引相手、従業員、市場参加者など）に大きな損失を負わせることになる。2000年代初頭に米国で大きな事件が起きたために「企業統治」の重要性が議論されるようになった。近年、日本でも元会長による私的な多額の借金が問題となった大王製紙事件や、過去の投資の損失を穴埋めするために元会長がM＆Aなどを偽装して不当に資金拠出したオリンパス事件などが起きて、日本の企業におけるコーポレート・ガバナンスの問題が生じた。いずれも、会長職や社長職にある実質的な権力者を他の取締役がまったく制御出来なかった（場合によっては、まったく情報も知らされていなかった）という事例である。

C．コーポレート・ガバナンスでしばしば問題とされる点

（1）内部統制の甘さ

　　問題のあるビジネス・モデルと監査役

　　あらゆる商品の証券化と先物化

　　ストック・オプション制度

（2）会計事務所の共謀

　　公認会計会社

　　積極型会計の問題点

（3）投資家保護への偏り

　　401k（自己積立型の年金）

　　アナリストへの信頼性

　　格付け会社による格付け

　　取引の監視（証券監視委員会、先物取引の監視）

D．米国における歴史的な事件

エンロン事件（米国 2001 年）：沿革

エンロン (Enron Corp.) は米国テキサス州ヒューストンに本社があった総合エネルギー取引とこれに関連する IT ビジネスを行う企業だった。2000 年当時、社員が 2 万人で年間売上高は 1,110 億ドルの全米第 7 位の業績を挙げる会社だった。しかし、巨額の不正経理・不正取引が明るみに出て、2001 年 12 月に破綻。負債総額は 400 億ドル（= 4 兆円）以上と言われている。史上 2 番目の破綻額。エンロンの起源は 1931 年であり、ガスや電力関連事業を行う会社であったが、1979 年にガス業界の規制緩和が進み、持株会社を設立、1985 年に他社と合併してエンロンが誕生した。CEO は合併時から破綻時までケネス・レイが担当。

エンロン社におけるビジネスモデルと粉飾会計が企業モラルを失墜させた

ビジネスモデル
●ガス取引に積極的にデリバティブを取り入れ、電力やガス取引をオークション形式、先物取引形式に変えた。
←同じ電力に対して同量の売りと買いを発生させて実質の取引量がゼロであるにも関わらず売上を上げる取引も積極的に取り入れた。これを循環取引と呼ぶ。空売りなどによる売上・利益確保は 2000 年のカリフォルニア電力危機においても積極的に行われた。1998 年には利益に占めるデリバティブ比率は 8 割を越えていた。
●ストック・オプション制度や 401K 制度の導入
●エンロン・オンライン
　1999 年に設置した「エンロン・オンライン」においては、電力・ガス・石油・石炭・アルミニウム・パルプ・プラスチックなどの資源やエネルギー商品をはじめ、信用リスク、天候、ネットワーク帯域幅、排ガス排出権などの信用取引をインターネット上で展開していた。その結果、表面上の売上げは急拡大した。

粉飾会計
●時価会計主義の元で見かけ上の利益を水増し
●連結決算対象外の子会社（特別目的事業体）に付け替えて簿外損失とする
←会計を全米有数の会計事務所であったアーサー・アンダーセンが担当しており、市場の信頼は厚いはずであったが、実際にはアーサー・アンダーセンが積極型会計を採り、数々の違法スレスレのプロジェクトの遂行や粉飾決算に加担していた。
●インサイダー取引
●ストックオプション制度の悪用

企業モラルの破綻
　2000 年夏にはエンロン株は高値圏にあったが、経営陣は「まだ上昇する」との強気の見通しを提示していた。証券アナリストもエンロン株を「ストロング・バイ（=「Strong Buy」）」として推奨。そのため、年金基金などもエンロン株をポートフォリオに組み入れていた。カリフォルニア電力危機で表面上は大きな利益を上げたが、実際には多額の債権が回収不能となり、不良債権化していた。2001 年夏には、インドなど海外での大規模事業の失敗などがあり、株価もゆるやかに下落を始めた。その結果、2001 年 10 月に発表された第三四半期決算では赤字決算となる。経営陣は密かに持ち株を市場で売っていたが、情報開示されなかった。2001 年 10 月 17 日、ウォールストリート・ジャーナルがエンロンの不正会計疑惑を報じ、株価が急落する。その中で、CEO ケネス・レイなど、会社の中枢にいた経営陣は株価下落局面において大量のエンロン株を売り抜けた。その後、同社の巨額の不正経理・不正取引が明るみに出て、2001 年 12 月に破産を申請。負債総額は 400 億ドル（= 4 兆円）以上で、当時は史上最高額の破綻額となった。

★今回のテーマ
取締役による会社への損害 —— 特別背任罪

A．刑法における背任行為とは

　刑法には窃盗、傷害、詐欺、横領など犯罪行為の類型と、それに対応する懲役刑（自由刑）や罰金刑（財産刑）が規定されている。その中に「背任罪」という犯罪行為の類型があり、これは、他人のためにその事務を処理する者が（＝例えば、不動産売買の仲介を行うとか、契約締結のアドバイス・コンサルタントなどを行うなど）、自己その他の利益を図るなどの目的で、その任務に背く行為をした結果（＝つまり、他人の信頼を裏切って損害を与えるような行為を行い）、その他人に財産上の損害を加えたときに犯罪として成立する行為のことを言う。こういう行為を行った場合には、背任罪という犯罪行為となり、懲役や罰金などの刑罰が科されることになる。

刑法における背任罪
刑法247条 他人のためにその事務を処理する者が、自己もしくは第三者の利益を図りまたは本人に損害を加える目的で、その任務に背く行為をし、本人に財産上の損害を加えたときは、5年以下の懲役または50万円以下の罰金に処する。

B．商法における特別背任行為とは

　刑法で背任罪が規定されているので、会社の従業員が職務上の権限を使用して、会社に損害を与える目的であることを知りながらも、実際に法人である会社に損害を与えた場合には、刑法上の背任罪が適用される。しかし、商事法では、その社会的な責任の重さを重視して、取締役が会社に損害を与えることを知りながら、またはその目的で背任行為を行った場合には、刑法ではなく会社法に規定される「特別背任罪」に問われる。経営者である取締役等が会社に対して背任行為を行った場合には、その権限の大きさから金額も大きいことが多く、通常の背任罪よりも特別背任罪の方が刑罰も重いことに特徴がある。本来、民事である商法や会社法に刑罰はそぐわないはずであるが、特別背任行為やインサイダー行為には厳しい刑事責任が科せられる典型的な例となっている。

商法における特別背任罪
会社法960条　第1項 次に掲げる者が、自己もしくは第三者の利益を図りまたは株式会社に損害を加える目的で、その任務に背く行為をし、当該株式会社に財産上の損害を加えたときは、10年以下の懲役もしくは1千万円以下の罰金に処し、またはこれを併科する。 （途中略）取締役、会計参与、監査役または執行役（など ... 以下略）

C．事例：2011年11月「大王製紙事件」

大王製紙株式会社

社　　名：大王製紙株式会社（Daio Paper Corporation）
設　　立：1943年
代 表 者：代表取締役社長　佐光正義
事業内容：1．紙・板紙・パルプ及びその副産物の製造加工並びに販売
　　　　　2．日用品雑貨の製造加工並びに販売
　　　　　3．機能性フィルム、粘着シート及び粘着剤等合成樹脂材料の製造加工並びに販売
　　　　　4．前各号に関連するプラントの設計、据付、売買並びに技術指導
　　　　　5．紙・板紙及びパルプ製造加工に係る原材料・燃料の売買
　　　　　6．山林及び木材の売買、造林、製材、木材加工並びに緑化・造園業ほか
資 本 金：304億円
売 上 高：（連結）4,102億円／（単独）3,463億円
従 業 員：2,983名
主要商品：新聞用紙、コート紙、上質紙、出版用紙、PPC用紙、ノーカーボン紙、印刷用粘着紙、
　　　　　機能材、包装用紙、家庭用品（ティシューペーパー・トイレットペーパー・ペーパー
　　　　　タオル・ナプキン・紙おむつ等）、クラフトライナー（段ボール原紙）、各種パルプ
関連会社：国内外に製紙、紙加工、印刷、流通、エンジニアリング、運輸、植林、レジャー、
　　　　　外食など数十社あり
海外事業所：チリ共和国、米国オレゴン州・ハワイ州、中国上海市

事件の概要

（10月28日）
　大王製紙の井川意高（もとたか）前会長が連結子会社から総額106億円超の現金を借り入れた問題で、外部の弁護士らで構成する特別調査委員会は10月27日付で、報告書をまとめ大王製紙に提出。同社の佐光正義（さこうまさよし）社長らは28日に記者会見を開き、報告内容や再発防止策を発表した。
　関係者によると、創業者の孫である井川前会長の指示に逆らえない雰囲気が社内に広がっていたことから、報告書では創業家一族と大王製紙グループとの関係に問題があると言及。社内のチェック機能も不十分だったため、不明朗な借り入れが繰り返されたと経営面の不備を指摘した。
　調査委の調べなどによると、前会長への貸し付けは大王製紙の子会社7社からの約84億円に加え、関連会社を経由した約22億円が新たに見つかり、総額106億円超に上っている。このうち約29億円は株式や現金で返済されている。

（11月22日）
　同社は、特別調査委員会の調査によって明らかになった事実関係を踏まえ、弁護士とも相談の上、井川前会長に対する告訴・告発について検討してきた。
　同社は前会長を会社法違反（特別背任罪）の疑いで告発することとし、21日、東京地方検察庁に告発状を提出した。
　告発内容は「大王製紙の連結子会社7社の元代表取締役会長であった井川意高氏が、連結子会社の取締役としての任務に違背し、同氏の利益を図る目的をもって、連結子会社7社の代表取締役に指示して、同氏に対する貸付金として同氏の指定した口座に総額85億8,000万円を振り込ませ、連結子会社7社に対して同額の財産上の損害を与えた疑い」となっている。

［資料］

平成 23 年 11 月 21 日

各　　位

会 社 名　大王製紙株式会社
代表者名　取締役社長　佐光　正義
コード番号　3880　東証第一部
問合せ先　執行役員総務部長　林　賢二郎
TEL. 03-3271-1442

当社元会長に対する告発に関するお知らせ

　平成23年10月28日付「特別調査委員会からの報告を踏まえた当社の対応につい
て」にて公表いたしましたとおり、当社は、特別調査委員会の調査によって明らか
になった事実関係を踏まえ、弁護士とも相談の上、当社元会長に対する告訴・告発
について検討してまいりました。当社は元会長を下記の内容にて告発することとし、
本日、東京地方検察庁に告発状を提出いたしましたので、お知らせいたします。
　株主の皆様をはじめとする関係者の皆様には、多大なるご迷惑とご心配をおかけ
いたしておりますことを深くお詫び申し上げます。
　なお、本件に関し今後何らかの進展があった場合は、速やかに公表いたします。

記

1．当該告発内容
　　　大王製紙株式会社の連結子会社7社の元代表取締役会長であった被告発人が、
　　連結子会社の取締役としての任務に違背し、被告発人の利益を図る目的をもっ
　　て、連結子会社7社の代表取締役に指示して、被告発人に対する貸付金として
　　被告発人の指定した口座に総額85億8000万円を振り込ませ、連結子会社
　　7社に対して同額の財産上の損害を与えた疑い。

2．罪名　　会社法違反（特別背任罪）

以　上

メ　モ

企業リーダーに求められるもの

A. 企業リーダー

　2008年に米国金融投資会社のリーマン・ブラザースが破綻し、世界的金融危機を発生させたが、この際に問題となったのが、米国型経営と米国企業のCEOのモラル破綻である。すなわち、米国のマネージメントがマネーを生み出すことばかりに専心し、これが行き過ぎた結果として経済破綻をもたらしたということである。この際にキーワードとなったのが、例えば、Fraud ＝詐欺、Greed ＝強欲、Unethical ＝倫理観の無さ、Lack of Integrity ＝誠実さの欠如などの言葉である。現代の資本主義およびその中核となる株式会社による事業経営は、経営を洗練させる手法を発達させ、多くの理論を生み出し、これを実務上で試すことにより多大な富を生み出すことに成功した。しかし、他方で、何か重要な落とし物をして来たのではないか、との疑問が生じて来た。一つは企業ガバナンスや企業コンプライアンスなどで論じられる倫理観の問題であるが、もう一つは企業哲学の問題である。特に後者は企業トップの「人格」とも強く関連しており、学べば簡単に身に付くものではない。

B. 商法における特別背任行為とは

　企業における経営トップとこれを補佐するナンバー2とでは問われる能力が異なると言われる。しかも、ナンバー2としての優れた能力を持った者は数多くいるが、経営トップに相応しい能力を持った者はごく少数だと言われる。オリンパス事件のマイケル・ウッドフォードを支援したオリンパス元専務取締役の宮田耕治がウッドフォードの著書『解任』のあとがきで次のことを叙述している。

　まだウッドフォードが英国キーメッド社に所属していた頃、同社の創業社長であるレディホフ氏が宮田に対しウッドフォードの人柄を紹介しながら経営トップの資質について教えてくれた。すなわち「この世の中には掃いて捨てるほどたくさんのグッドナンバー2（Good No.2）と、ごく一握りのグッドナンバー1（Good No.1）がいる。グッドナンバー2が知識、経験をつんでグッドナンバー1になれる確率は驚くほど小さい。だから経営トップの後継者探しは、グッドナンバー1を探し出し、それに必要な教育を施すことが不可欠になる。それが出来ず、手近なグッドナンバー2を後継者に選んだ時点から、組織の衰退が始まる。...経営トップは修羅場の舵取りだ。きれいごとだけで何とかなるほど単純ではない。だからこそ企業は間違ったことをやらないこと、正しいことをやりとおせることが大切になる。グッドナンバー1とグッドナンバー2の差は、この点に関するスタンスの強靭さの差である。修羅場に臨んでも、絶対に揺るがない、強靭な軸をもつこと、これが経営トップに求められる最大の資質だ」と。

Ｃ．賢慮のリーダー

ビジネス界が賢能で実践的な判断を組織的に出来るリーダーを希求するのは、現在のビジネスが何か重要なものを失っているように見えるからだ。つまり、経営者がいかに立派な理念を説こうとも、そこに哲学がなければ、経営者は「プロジェクトの実践がどれほどの利潤を生むのか」ばかりを優先し、また個々の社員は「自分にはどんな得があるのか」ばかりを求める。すなわち、会社が儲けるための道具にしか過ぎなくなる。賢慮のリーダーに必要な能力や人格を表と図にすると、下記のようになる。

Wise Leader（賢慮のリーダー）
（1）善い目的をつくる能力（Wise leaders can judge goodness） 　　←何が会社と社会にとっての善かを考えた上で意思決定する。
（2）場をタイムリーにつくる能力（Wise leaders can grasp the essence） 　　←状況や問題の本質を素早くつかみ、人、物、出来事の性質や意味を直感的に理解出来る。
（3）ありのままの現実を直観する能力（Wise leaders create shared contexts） 　　←経営幹部や社員が相互交流を通じて新たな意味を構築できるよう、フォーマルおよびインフォーマルな場を絶えず創出する。
（4）直観の本質を概念化する能力（Wise leaders communicate the essence） 　　←隠喩やストーリーを使って、自らが実際に経験したことの本質を伝え、個人やグループにとっての暗黙知に転換する。
（5）概念を実現する政治力（Wise leaders exercise political power） 　　←相反する目標を持つ人たちを束ね、行動を促す。
（6）実践知を組織化する能力（Wise leaders foster practical wisdom in others） 　　←特に現場社員の実践知の養成を促す。
＊出典：Ikujiro Nonaka & Hirotaka Takeuchi, The Wise Leader, Harvard Business Review, May 2011.

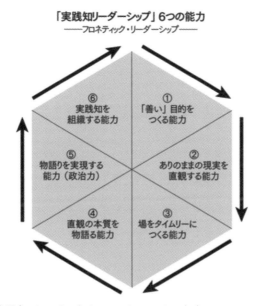

＊出典：野中郁次郎「実践知リーダーとしてのチャーチル」（http//www.http://diamond.jp/articles/-/55179）。

★今回のテーマ
会社内におけるトラブルの法的処理

［事例］雇用関係における会社内トラブルの法的処理

　X社の総務部に勤務する従業員Yが、ある日突然無断欠勤したので、自宅に連絡したところ、通常通り出勤したとのことであった。数日後に貸金業者P社による給料差押の通知を受けて、その後Yから一度電話連絡があり、貸金業者に多額の借金があり退職したいとの意思が確認できたため、X社では就業規則に基づき解職することにした。Yとの取引関係を整理したところ、YのX社からの住宅資金借入残高が 500 万円、社内預金残高が 100 万円であるほか、解雇時点での未払給与が 40 万円、社内規程に基づく退職金が 800 万円となることがわかった。住宅資金借入についてはY所有の住宅土地建物に抵当権が設定・登記されており、Yの妻Aが連帯保証している。Yの担当事務を整理したが社内での不正行為の形跡は特に見当たらなかった。その後、Y本人とは連絡が取れないままである。

A．従業員が長期に無断欠勤をした場合に、会社はどういう手続きを執ることができるのか？

　　労働基準法の範囲内で会社は就業規則を定めている。この就業規則に基づき、社内における不正行為がなければ退職、不正行為があれば免職にすることができる。

B．従業員YがX社に対して持っている債権とその金額は？

　　未払給与 40 万円、社内預金 100 万円、退職金 800 万円

C．「貸金業者P社がX社に対してYの給与差押を通知する」とは法的にはどういう意味なのか？

　　PはYに対して貸金債権を持っているが、Yから直接回収が出来ないので、裁判所の許可を得て、Yの債権であるX社からの給与をYではなくPに支払うようにX社に命じること。

D．給与を差し押える場合には、生活が困窮しないためを考慮する必要があり、その全額を差し押えることは出来ないことになっている。差し押え可能な割合はいくらか？

　　<u>１／４まで</u>

E．「ＹはＸ社から住宅資金借入残高が５００万円ある」とはどういう意味なのか？

　　<u>Ｘ社の従業員の福利厚生の一種として、市場よりも低い金利で住宅購入資金の貸付けを行うことであり、Ｙからの返却分がまだ５００万円残っているということ。</u>

F．Ｘ社はＹの退職に伴い、その住宅資金融資を回収したい場合にどのような方法を採ることが出来るか？　今回の場合には３通りの方法が考えられるが？

　　回収方法としては下記の３通りが考えられる。

　　●<u>まず、担保としての抵当権も設定してあるので担保権実行の方法がある。</u>

　　●<u>しかし、融資残高５００万円に対してＹの退職金が８００万円あるので、「退職金によって借入金を返済する」との特約があれば、退職金から相殺することができる。</u>

　　●<u>また、資金の借入についてはＹの妻Ａが連帯保証しているので、一旦、Ａに夫の退職金を渡し、そこから融資残高５００万円分を返却してもらう方法がある。</u>

　　　　　　　　　　　　（　メ　モ　）

★今回のテーマ
消費者保護 —— 特殊な制度としてのクーリングオフ

Ａ．契約の締結と消費者保護

> **契約の締結**
> 民事・商事法においては、私的自治・自己責任の原則が働き、「契約を結ぶかどうか」から始まり、その「相手方」、「内容」、「方法」その他については当事者間で自由に取り決めをしてよい、という「契約自由の原則」が認められる。

> **自己責任原則**
> この考え方は、近代自由主義・資本主義社会においては、いわば当然の考え方であり、私有財産を認め、自己の責任において契約を結び、その処分その他については自己責任とすること自体は当然である。

> **その例外として**
> しかし、その内容が何であれ、取引がまったく「自由」だとすれば、特定の状況下においては、
> (1) 一方を決定的に不利な状況に追い込むこともあるし（権利濫用の法理）
> (2) 法そのものが「法の逸脱を命ずる」場合（公序良俗違反）が出てきたり、
> (3) また、特定の取引方法においては、商品知識の乏しい一般消費者を相手に強引な手法で取引を成立させてしまう（クーリングオフの事例）など、
> 「契約の自由＝契約の締結を自己責任とする」という考え方を悪用する例が出てくる。

> **特に消費者保護の観点から**
> 特に、上記（3）の消費者のように、業者に比べて圧倒的に知識不足や情報不足であるとき、自己責任を問うのではなく、例外的に消費者を保護する必要が生じるのである。
> このような場合は、特別にクーリングオフによる契約の解除を認めている。
> ＝特定の商法に限る（「訪問販売」、「通信販売」、「電話勧誘販売」など）

B．事例

A 社は浄水器の販売会社である。

● ［業務内容］屋外型浄水器を、仕入れ価格 6 万円で仕入れて、1 台 30 万円で戸別訪問して販売している。（仕入れ価格 20％）

● ［販売方法］販売に関しては、衛生環境や健康問題についてアンケートを取るという形で戸別訪問し、浄水器に興味を持ってくれた者に、その製品の特徴を説明してセールスをするという販売方法を採っている。B 社との間でローン契約（割賦販売契約）も結べるようにしてある。現場でクレジットカードの使用もできるようにした。

● ［交換用フィルター］製品価格が割高に感じられるが、販売代金には、5 年分の交換用フィルター（単価 1 万円）の代金が含まれており、A 社に電話すると、すぐに宅配するシステムになっている。

● ［紹介料］浄水器を購入して、近所にこの浄水器を紹介し、契約に至れば、1 件あたり 5 万円の紹介料を支払うことになっており、この点でも販売促進が期待できる。

以上のようなビジネスモデルを立てた場合、注意すべきポイントとなるのは、どういった点か？

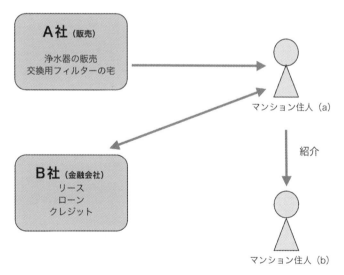

＊ポイント：
　訪問販売＝特定商取引法
　クーリングオフ
　連鎖販売に関する概要を記した別契約
　商品購入、斡旋、役務の提供についてのバランスが違法なものとなる場合
　ローン契約＝支払先は別会社（商品購入契約とは別契約）
　付帯役務としての交換用フィルター宅配の問題点

★今回のテーマ
マルチ商法

A．ネズミ講

　マルチ商法はかつて「ネズミ講」と呼ばれ、会員を募って会費を現金で集めることによって成り立つ方法であったが、今日では、商品を媒介にして会員を募集する（つまり、商取引における売買契約の形を採る）ようになっている。また、今日的ビジネスモデルであるいわゆる「ネットワークビジネス」（＝会員を集め、会員にのみ商品を販売する独占型ビジネスモデル）と外見上は見分けが付けにくいのが特徴である。

B．ポイント制と会員制

　今日の通常型店舗経営においても、ほとんどすべての業種においてポイントカード制を導入してビジネスを行っていることが多く、一般消費者に「ポイントの付与」や「会員の勧誘」に抵抗感が無いこともマルチ商法を助長する背景となっている。したがって、今日では、違法／合法を併せて、相当数のマルチ商法ないしはマルチまがい商法が存在していると思ってよい。

C．マルチ商法の仕組み

例えば、
（1）商品購入の際に会員を勧誘すれば、商品
　　　代は半額となる、
あるいは、
（2）2名以上を勧誘すれば、利益が出る…と
　　　いうビジネスモデル
（3）「鼠算」式に数が増えて行くので「ネズミ
　　　講」と呼ばれる。

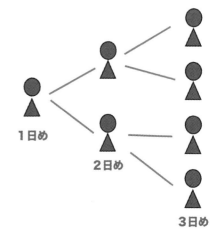

〔実際に会員数を計算してみると〕
毎日2人ずつ会員が増えて行くと…
→　　2日目に会員数＝2名
→　　3日目に会員数＝4名
→　　4日目に会員数＝8名

～　～　～

→　8日目に会員数＝100名を突破

→　11日目に会員数＝1000名を突破

→　15日目に会員数＝1万名を突破

→　18日目に会員数＝10万名を突破

→　21日目に会員数＝100万名を突破

→　25日目に会員数＝1000万名を突破

→　28日目に会員数＝1億名を突破

→　31日目に会員数＝10億名を突破する

→　いずれ会員数には限界が来て破綻…（必然の結果）

D．マルチ商法のまとめ

●マルチ商法は破綻する

　会員勧誘ビジネスは初期会員のみが得をする。会員勧誘ビジネスはみんなが得をするビジネスモデルだと宣伝されるが、実際には初期の会員のみが得をし、後から会員になった者から利益を吸い上げる仕組みになっている。

●しかし、マルチ商法の違法性は認定しにくい

　特に、会員の勧誘を通じてのみ行われるネットワークビジネスとの比較や線引きは難しい。

●多くのビジネスモデルが会員登録＋ポイント制を採用している

　「会員登録」や「ポイントと金銭との交換」＝マルチ的な要素に寛容となっており、友人・知人からの誘いを断りにくい。

(メ　モ)

★今回のテーマ
顧客トラブル —— 過度なクレーマー

問題提起：「お客様は神様」じゃない　猛威振るう反社会的消費者

日経ビジネス（2015年1月20日版）特集より
土下座を強要する、店頭に居座る…。深刻な顧客トラブルが全国的に増えている。苦情のメールや電話もかつてなく暴力的になっており、社員のストレスは高まる一方だ。「すべての顧客を神」とする発想は、商品開発の現場にも、暗い影を落としている。過激化する消費者から社員を守り、多様化が進む中で競争力を維持するには、顧客との関係を根本的に見直す必要がある。顧客視点が成長の源なのは当然のこと。だが、企業は今、改めて認識すべきだ。もう「お客様は神様ではない」、と。

　以下は上記日経ビジネスに掲載された過度なクレーマーの事例である。順に見ていこう。

A．［事例］コンビニ土下座事件他

　小売り・サービス業での深刻な顧客トラブルが多発している。2013年9月には札幌市の衣料品チェーン「しまむら」苗穂店で、買った商品が不良品だったことに腹を立てた女性顧客が店員に土下座を強要する事案が発生。2014年12月には滋賀県内のボウリング場でも同様の事件が起きた。特に著名な事件が2014年9月の深夜に起きた事件である。大阪府茨木市にあるファミリーマート茨木横江店前の駐車場でたむろしていた数人の男女が入店。空のペットボトルに水を入れろと要求し、店内で飲食を開始した。抗議した店長に男女は商品を投げつけるなどした上で土下座を要求。「店に車を突っ込ませる」などと威嚇し、たばこ6カートンを脅し取ったという。その後、男女は逮捕。執行猶予付きの有罪判決が下った。それ以降、同店では自衛のために警備会社と契約し、毎日午後10時に警備員が出勤し、〜朝5時頃まで店内の事務所に待機してもらうことにした。通常は顧客と顔を合わせることはないが、有事の際には警備員が待機所を飛び出し、敢然と店員を守る手はずとなっている。

B．顧客とのトラブルは急速に進む悪質化

　恐喝や強要のみならず暴力沙汰も増えている。例えば駅。日本民営鉄道協会によると、2014年度上半期における駅員への暴力事件は125件で、前年同期比で14％増加した。店頭や駅での顧客トラブルは今に始まった話ではないが、最近のトラブルは急速に悪質化しており、逮捕のリスクすら顧みずもめ事を起こす自暴自棄的かつ短絡的事案が目立つ。暴走する

一部消費者の対応に苦慮しているのは、店舗などの現場にいる従業員だけではない。近年顕著になってきたのが、顧客相談窓口の社員に対するクレーム電話や苦情メールである。

C．クレーム

　通販企業では近年、苦情受付の電話を廃止し、メールに一本化したところも珍しくない。担当者も「クレーム電話を受け続けるのは精神的な負担が大きいが、メールなら和らぐはず」と考えたからだ。だが蓋を開けてみると、顧客対応のストレスで体調を崩す社員は一向に減らない。分かったのが「人間は言葉であれ文章であれ、苦情を浴び続けると結局、病んでしまう」という事実であった。メールは電話より意思疎通が難しく、解決まで時間がかかる。いくら返信しても終わりが見えない現状に多くの社員が参ってしまったというのが現実だ。

　「数年前に比べ苦情電話の長時間化が進んでいる。激情型のクレーマーに当たるとベテランでも1時間は覚悟せざるを得ない」と、電機メーカーのコールセンター社員は話す。しかも近年はクレームの付け方も変化しており、罵声型よりも困るのは、一切の暴言も怒鳴り声も出さず、淡々と担当者を追い詰める新種のクレーマーである。

D．新種のクレーマー

［事例］上司気取で一切怒鳴らない新種クレーマー

> 　ある健康機器メーカーの顧客相談窓口にその電話がかかってきたのは2014年夏のこと。声の主は60代後半の男性で、「1カ月前に購入した血圧計が故障した」というよくある苦情だった。応対した担当者は謝罪をした上で、マニュアル通り「着払いで血圧計を送ってもらえば新品に交換する」と申し出て、男性は了承した。これが、この男性との長い"闘い"の始まりだった。
> 　再び電話が来たのは1週間後。交換した商品にも不良箇所があったのでは？と気をもんだ担当者だったが、男性の口からは思いもよらぬ言葉が飛び出した。「商品は受け取りました。では次に、なぜ不良品が発生したのか原因を特定し、報告書を提出してください」。
> 　話を聞くと、この男性は大手メーカーで品質保証部門の責任者を務めた経歴があった。そのためモノ作りの現場には詳しく、原因を一通り説明しても「そんな品質管理はあり得ない」「検査工程にこうした課題があるのではないか」と一歩も引かない。何度もやり取りを重ね、やっと納得したと思ったら、「次は、今後の対策をまとめていきましょう」と言い出した。

　この事例ほど極端ではないにしても、高齢者による同様の「穏やかなクレーム」がここ数年、増えていることが指摘されている。これは「上司気取り型クレーム」とか「昔取った杵柄型クレーム」などと呼ばれ、警戒されている。もちろん企業側としては、それが激情型であろうと、上司気取り型であろうと、クレーム対応に手を抜くことは出来ない。今は、SNS（Facebook など）で小さなクレーム騒ぎが瞬く間に世間のニュースとなり、大人数へ伝播する時代となっているからである。会社員で鬱病や躁鬱病などの気分障害を持つ者が増えて来た原因の一つは、店頭営業担当から顧客クレーム担当まで、企業における顧客の対応が困難になっていることにもある。

E．時代背景

　一部とはいえ、極端な行動に打って出る消費者が増えている理由はどこにあるのか。まず、多くの専門家が指摘しているのが、ネットの普及である。「電話をしてまで言うほどじゃない」と思っていた苦情も気軽にメールで送りつけられるようになった。また、格差社会の進展で、欲求不満のはけ口を企業に求める反社会的消費者が増えたため、との声も根強い。そしてもう一つ、今回取材した店員やコールセンター社員のほぼ全員が、言葉を濁しながら、口をそろえて指摘した理由がある。それは「孤独で元気過ぎる老人」が増えていることだ。コールセンター専門誌を発行するリックテレコムが 2014 年に実施した調査では、企業に電話で問い合わせをする人の 35.8% は 60 代以上で他の世代よりも圧倒的に多い。もちろん、大半は正当な問い合わせだろう。が、日夜、店頭や電話で厄介な苦情に悩まされている社員たちからは「面倒なクレームを持ち込むのは圧倒的に男性高齢者、はっきり言えば団塊の世代」との声が上がる。「時間はあるし、一昔前のお年寄りに比べ元気。一方で会社中心主義の人生を送ってきたため、女性に比べ地域に居場所はなく孤独でもある。彼らが持て余したエネルギーを最もぶつけやすいのは企業。特に逃げ場のない顧客相談窓口は格好の「標的」になる。実際、厄介なクレームは団塊が大量退職を始めた時期から一気に増えた」。社員を守るためにも、商品開発力を高めるためにも、日本企業は顧客との関係を見直す時期に来ていると指摘出来る。

厳密には大半が「犯罪」

●よくある店舗トラブルと問われる可能性のある罪状

土下座させる ➡	強要罪（刑法 223 条）
居座り続ける ➡	不退去罪（刑法 130 条）
カネを要求 ➡	恐喝未遂罪（刑法 249 条、250 条）
大声を出す ➡	威力業務妨害（刑法 234 条）
「異物混入」とウソ ➡	畏敬業務妨害罪（刑法 233 条）

（　メ　モ　）

★今回のテーマ
種類株式の発行

A．総論

　株式は金銭的価値を持つ有価証券であるが一般の金銭債権とは異なる。また株式と社債は同じような機能を持っており、例えば発行会社側からすれば、いずれも原則的には多数の者から「資金調達をする機能」であり、これを市場側から見れば「有価証券化して譲渡性を持たせる機能」を有している。そのために会社法は資金提供者を保護する規定も置いている。しかし、株式と社債の差異は、原則として会社の残余財産に対する法的な権利関係の点（＝会社の残余財産に対する帰属権を持つか否か）に現れる。また、通常は株主総会における議決権を付与され、株主は互いに平等であることが保証されている。これに対して、社債の所有者は互いが平等である必要はなく、発行条件（契約）によって個別の権利が設定されている。標準となる株式は、「普通株式」と呼ばれ、その性質について会社が特に定款に何の定めも置かなくても会社法によって権利が決定されている。普通株式の会社に対する法的性質は、株主総会における議決権と剰余金からの配当を受ける権利であるが、普通株式の内容はすべて同一であり、普通株式間で内容に差を設けることは許されない。（＝株主平等の原則）しかし、近年、会社が議決権や剰余金の分配、発行の仕方などについて内容が異なる株式を発行する度合いが増えてきた。2種類以上の株式を発行する場合、これを「種類株式」と呼んで、普通株式とは区別している。

B．種類株式の権利内容による分類

種類株式
（1）主に剰余金の配当や残余財産の分配に関するもの 　　**優先株式** 　優先株式とは、剰余金の配当および残余財産の配分に対する地位が他の株式よりも優越する株式のことである。 　　**劣後株式** 　劣後株式は、優先株式とは逆の性質を持ち、すなわち剰余金の配当および残余財産の配分に関する地位が他の株式よりも劣る（場合によっては配当が無い）株式である。

種類株式
(2)　主に株主総会における議決権行使に制限を付するもの 　　<u>議決権制限株式</u> 　議決権制限株式は、株主総会での議決権に制限があり、したがって会社の経営に参加出来る権利を制限されるという性質を持つ。 　　<u>無議決権株式</u> 　無議決権株式は、議決権制限株式の一種であり、この株式を持つ株主は、株式総会において議決権を行使することが出来ない。したがって、機能としては株式というよりは社債に近くなる。
(3)　主に株主総会における議決権の決定権を握ることを主眼とするもの 　　<u>拒否権付株式</u> 　拒否権付株式は、株主総会において決議すべき事項のうちで、会社の合併や買収の際にその決議を拒否できる権利や、代表取締役の選任に関する事項に一定の歯止めをかけることができる機能を持つ。黄金株がその一種としてよく知られる。
(4)　その他 　　<u>取得請求権付株式</u> 　取得請求権付株式とは、主に株式の取得に機能の主眼を置いたものであり、株主が当該株式会社に対してその取得を請求出来る機能を持つ。 　　<u>譲渡制限株式</u> 　譲渡制限株式とは、株式の譲渡の際に当該会社の承認を必要とするものであり、会社法の下で種類株式の一種として発行が認められるようになった。会社法制定以前には、全株式に譲渡制限を付けることは出来ても、一部株式にのみ譲渡制限を付けることは出来なかった。 　　<u>転換社債型新株予約権付社債</u> 　新株予約権は、会社法上は株式ではなく社債であるが、一定の条件の下で会社に対して行使することにより、当該株式会社の株式の交付を受けることが出来る権利である。

Ｃ．種類株式発行の手続と発行の意義

　会社は定款で規定すれば、普通株式以外にさまざまな特徴を持った種類株式を発行することが出来る。種類株式を発行するための定款変更には株主総会で特別決議が必要となる。種類株式を発行している会社が、既存の種類株式の内容を変更する場合には厳格な手続が必要となり、定款の変更と株主総会の特別決議だけでは足りず、特定の種類株主に損害を与えるおそれがあるときには、当該種類株主を構成員とする「種類株主総会の特別決議」が必要となる。しかし、定款で定めれば、種類株主総会の決議を要しないことを定めることが出

来る。近年の株式発行はあらかじめ定款で定めて、株主総会の議を経ず、取締役会で決定する場合も増えてきている。

　この本来、厳格な手続を必要とする種類株式の発行を臨機応変に発行出来るようになった重要な要素として、会社を取り巻く経済環境の変化が掲げられる。1980年代までは担保主義により会社が担保となる財産を持っていれば銀行は資金援助を行って来た。また、会社が安定した収益を上げることが出来る時代には、株主構成は安定し、グループ内銀行が会社経営に直接口を挟む度合いも少なかった。しかし、90年代以降は利益率が下がり、資産としての担保の価値が一定しない時代となった。時代が大きく変化したのである。このような時代においては銀行も担保よりも会社が有する純現金収支の多少を優先して融資を行うようになってきた。またグループ企業間における株式の持ち合いも解消に向かい、各企業は資金調達の方法を銀行融資から社債の起債や個人向け株式発行の方に比重を増すようになってきた。経済活動が高度化・集約化するに従って、これに機動的に即応することが求められている今日の株式会社は、様々な機能を持った種類株式を発行することにより、議決権や資金調達額を臨機応変に調整していく能力が重要となっている。また現金資産の減少を嫌う傾向が、現金ではなく株式交換等を使った企業買収（M&A）を一般的とさせるようになったこともその背景にある。

（　メ　モ　）

メ　モ

★今回のテーマ
会社の合併・買収（M&A）

A．M&Aとは何か？

M&A = Mergers and Acquisitions
　　　（企業の合併）（企業の買収）　　←企業の合併・買収を総称して言う。

目　的

　他の会社を合併したり他会社を買収する目的としては、新規の事業を開始するために他の会社をまるごと買い取り、新規の事業分野を一気に起ちあげるとか、収益率の落ちてきた事業のコストダウンを図るために、他の事業分野（子会社）と統合したり、同分野の他の会社に事業ごと売却したりするために行われる。法的な手続としては、企業間の合併、会社を分割、株式の交換、株式公開買付などがある。

　　（1）新規事業への参入
　　（2）企業グループの再編
　　（3）業務提携
　　（4）経営が不振な企業の救済
　　（5）投資会社による敵対的買収

持株会社の存在

　日本では 1998 年まで持株会社は独占禁止法により禁止されていた。これは会社が他の会社を支配し、少数の財閥による産業支配を廃するためであったが、世界的な企業間競争が激しくなり、1998 年に日本の独禁法を改正して、株式保有を目的とする純粋持株会社の設立ができるようになった。

B．M&Aの例

世界的に注目された合併

　　　2000 年　AOL v. タイム・ワーナー
　　　2004 年　ロイヤル・ダッチ・ペトロリアム v. シェル・トランスポート＆トレーディング

日本の例

　　　2005 年　ライブドア v. ニッポン放送
　　　2005 年　村上ファンド v. 阪神電気鉄道
　　　2007 年　スティール・パートナーズ v. ブルドックソース

C．株主の変化

上場会社の株主が買収提案によって変化すると…

会社の「所有」権は、出資者たる株主が持つ。日常的な経営は代表取締役や取締役などの経営陣が行っている。

→したがって、経営陣は株主に選任されて会社運営を任された立場に過ぎない

→会社が買収（株式の多数を取得される）されるという意味は、自らを選任した者（株主）が入れ替わることを意味する。

→経営陣にとっては死活問題だが（敵対的買収の場合には多くの場合、経営陣は解雇される）元の株主にとっては不利益になるとは限らない。会社の価値が上がり、元の株価よりも高い株価になるかも知れないからである。

どうやって大量の株式を取得するのか？

(1) 証券取引所などのマーケットで売買

(2) 現在の株主からの相対取引（個別交渉）により取得

(3) 公開買い付け（TOB）

　＊特定企業の株式を一定割合以上取得するときには大量保有報告書を作成する必要があるなどの金融商品取引法（旧証券取引法）上の規制を受けることとなるほか、一定の場合には公開買い付けの方法によることが義務付けられるなどの制約が課されている。

　＊公開買い付けは、買収提案者が条件を公表しつつ広く一般株主から買い付けを行うものである。現在の経営陣がこれに同意する場合には、適時開示の一環としてその旨を買収先企業も公表することが必要とされている。

大量の株式を取得すると何ができるのか？

株式の保有割合により下記ができる

（＝株式数との関係で割合的に会社の「所有権」を取得することになる）

持ち株比率と株主総会	
1／3の株式を取得	重要決議を拒否：3分の1以上の議決権を有している場合には意に沿わぬ重要決議を阻止することができる。
1／2以上（過半数）の株式を取得	取締役の選任など通常の多くの議決：取締役の選任など通常の株式会社の議案については発行済み株式総数の過半数の議決権を有する株主の賛成があればできる。
2／3の株式を取得	会社の定款変更など：会社にとって重要な合併の承認・定款の変更などについては同じく3分の2以上の議決権を有する株主の賛成があればできる。

★今回のテーマ
会社の買収防衛策

A．企業買収とその防衛策について考える

株式市場において株式を売買することは会社側と投資家側の双方にとって利点がある。

> ★会社側の利点＝いちいち出資者を募る必要がないこと。
> ★投資家の利点＝時価で買い取ってくれる者をすぐに見つけられること。

重要なポイントは、市場規模の大きさと市場の安全性・公平性である。流動性が少なく、誰かが意図的に株価を操作できるような市場は危険で、取引を活発化させることはできない。したがって、企業買収の防衛策を採るに当たっては下記の点を考慮しなければならない。

　　　経営権の確保

　　　買収防衛策

　　　株主の保護

企業買収の目的は必ずしも一定していない。

たとえば、その目的は会社の合併・買収（M＆A）の時と同じく…

　（1）新規事業への参入

　　　　＊企業ごと買収して新規事業を始める

　（2）企業グループの再編

　　　　＊産業構造の変化に早く対処するために再編する

　（3）業務提携

　　　　＊ライバル会社と提携したり合併したりして寡占化をめざす

　（4）経営が不振な企業の救済

　　　　＊技術力などはあるのに経営が不振な会社を買収して立て直す

　（5）投資会社による敵対的買収

　　　　＊投資目的として転売による利益をめざす

B．買収対抗策（企業買収防衛策）

（1）ゴールデン・パラシュート

取締役の退職慰労金の額（年収の2〜3倍以上）を高額に設定しておく。高額の退職慰労金をゴールデン・パラシュート（Golden Parachute）と呼ぶ。取締役を解任すると買収後の出費が多くなるので、買収を思いとどまらせるもの。

(2) 絶対的多数条項

取締役解任などの特別決議の場合には、議決権が80％以上（あるいは90％以上）ないと可決できないようにしておく。

＊類似の方法に「スタッガードボード（役員改選制度）」があり、これは取締役の任期に差を付けて一度に選出できる役員の数を制限させる方法である。

(3) 第三者割当増資

これまでの株主以外に、新規に株式を発行して、持株比率を下げてしまうもの。

全体の発行済株式総数を上げ、買収する企業の持ち株比率を下げて買収されないようにする。通常の公募増資とは異なり、指定された第三者のみが新株を購入することができるほか、市場の取引価格と比べると非常に安く購入できることが多い。

＊ライブドアによるニッポン放送株買収（2005年）で有名になった方法である。

(4) ポイズンピル

「毒薬条項」とも呼ばれる。新株予約権を予め発行しておき一定の条件が満たされると安価で行使可能にさせ、買収する側の持ち株比率を下げる。　　*Poison Pill

(5) 黄金株

重要な株主総会の決議事項について（例えば、取締役の解任など）拒否権を有する株式を信頼できる第三者に対して発行することで、買収のために必要な決議を妨害するもの。

(6) マネージメント・バイアウト

ＭＢＯと略される。経営陣が株式を取得して閉鎖会社としてしまうもの。上場廃止にすることは経営者にとって望ましくない者が株式を取得することを不可能にしてしまう。買収防衛策としては端的で究極的なもの。　　＊ＭＢＯ＝ Management Buy Out

(7) 焦土作戦

会社の持っている価値高い会社の資産を関連会社などに売却するなどにより、会社の価値を大きく下げて買収するメリットをなくす方法。　　*Scorched Ash Defence

＊濫用すれば、特別背任罪（10年以下の懲役または1000万円以下の罰金）になる可能性もある。

(8) ホワイトナイト

「白馬の騎士」の意。白馬の騎士とは、自社に友好的な第三者を指す。買収されそうになった場合に、友好的な第三者企業に自社株を保有してもらい、買収を避ける。　　*White Knight

(9) チェンジ・オブ・コントロール（資本拘束条項）

特許ライセンス契約や代理店契約などの重要な契約を結ぶにあたって、買収などで会社の支配権が変わった場合（コントロール・チェンジ）には、相手方の会社が契約を破棄できるとする条項を盛り込んでおく。

(10) パックマン・ディフェンス（逆買収）

敵対的買収を受けている企業が、敵対的買収をしている企業を逆に買収する方法。

(11) ジューイッシュ・デンティスト

買収を仕掛けてきた企業の社会的弱点をマスコミ等に流して競争意欲を削ぐ方法。情報工作やＰＲ作戦を中心とし、相手企業のイメージダウンによって社会的信用を落とす防衛策。　*Jewish Dentist

★今回のテーマ
TOB（株式公開買い付け）

TOB：Takeover bid（株式公開買付け）

　　　　takeover ＝引き取る、引き継ぐ

　　　　bid ＝値を付ける、入札する

　　　　＊同様の意味で、tender offer ＝公開買付という用語もある

A．TOB とは

　証券取引所に上場する会社は有価証券報告書の提出が義務付けられており、こうした会社の株式を一定数量以上に買い取る場合には、公開買付が義務付けられている。この公開買付のことを「TOB」と呼び、その方法は「買付期間」「買取株数」「買取価格」を公示して不特定多数の株主から株式市場外で株式を買い集める方法を採る。企業買収や他社を子会社化する場合など、対象会社の経営権を取得する目的で実施されることが多い。

B．TOB の仕組み

　買収したい会社は S 社であることを明示し、その目的と買付目標株式数を公表する。それによって何がしたいのかを株主にも S 社にも分かるようにする。また、買付を行う期間と買取価格を提示し、株主に持ち株を提供してくれるように促す。これに応じる意思のある株主は、自分の持ち分を売却する意思を表明し、幹事役の証券会社を通じて持株の移転を行う。

S 社に対する TOB の条件

■買付期間：2020 年 3 月 12 日〜 5 月 17 日

■買取株数：12％（目標取得数）

■買取価格：1300 円

C．［事例］米国サーベラスによる西武ホールディングスに対する TOB

　　2004 年に西武グループは西武鉄道、プリンスホテル、野球チームの西武ライオンズなどを擁する一大企業グループであった。かつてグループの経営は創業家出身でカリスマ的な存在であった堤義明氏が行っており、同氏は政治家とのパイプも太く、自民党の総裁選の結果に影響を与えたともいわれる人物であった。しかし、2004 年に有価証券報告書の虚偽記載が発覚し、その責任を取って同氏が辞任、翌 2005 年には証券取引法違反で逮捕された。現在では執行猶予付きの有罪が確定している。有価証券報告書の虚偽記載を原因として 2004 年に西武グループは上場廃止となったが、同社には多額の不動産融資の焦げ付きがあったため、同社のメインバンクであったみずほグループの管理下に置かれることになった。現在の社長はみずほ銀行出身の後藤高志氏である。

　　みずほ銀行が西武グループの経営再建を実施するにあたり、出資者として協力したのが米国の投資ファンドであるサーベラス（米国の PE ファンド：Cerberus Capital Management, L.P.）だった。2006 年にサーベラスは第三者割当増資により筆頭株主となり西武グループに約 1,040 億円を出資し、西武ホールディングス（西武 HD）は再建に取りかかった。サーベラスの持株比率は 32.44％であった。

　　両者が対立するきっかけになったのは、西武 HD が再上場する計画が具体化してきた 2013 年のことである。証券会社がはじき出した再上場価格は 1200 円〜 1500 円だったが、サーベラスが出資した時点での価格は 920 円程度であり、投資から 7 年経過していることを考えると、サーベラス側としては採算が合わない。もっと高い価格（1 株＝ 2000 円程度）になるよう対策を採るように後藤社長に要求したが、後藤社長は株価は市場が決めるものとしてサーベラスの要求を拒否した。

　　サーベラスは西武 HD の持株比率 44.67％を目指し、株主総会で新たに取締役 8 名を送り込めるように計画した。TOB の実施期間は、2013 年 3 月 12 日〜 5 月 17 日（実際には 5 月 31 日まで延長）であり、12.23％の株式を購入希望。希望買取価格は 1 株＝ 1400 円に設定した。

　　しかし、TOB の結果は 3.04％の株式しか集まらず、買収はほぼ失敗に終わったのが本件の経緯である。

★今回のテーマ
会社の再建

A．民事再生法による会社の「民事再生」

・破産のおそれがあるとき

・債権者集会での同意と裁判所の許可を得た「再生計画」を立てることが必要

・それまでの経営者が引き続き経営にあたることができる

B．会社更生法による会社の「会社更生」

・破産のおそれがあるとき

・それまでの経営から管財人による事業経営に変える

　　←関係人集会の同意と裁判所の許可を得た「更生計画」を立てることが必要

・裁判所の選んだ管財人が経営権を取得する

・ただし、近年は（2009年より）DIP型会社更生が主流

　　←旧経営陣がそのまま再建にあたる

C．破産法による会社の「破産整理」

・支払能力がなくなったとき

・会社の全財産は破産財団に組み込まれる

　　→破産管財人が当該財産を換価処分して債権者に配当する

・会社としての経営は停止する

D．商法による会社の「清算処理」

・清算処理をするとき

・経営に著しく支障がある場合に債権者、監査役、株主が申立てをする

・債務超過の疑いがある場合には清算人が申立てをする

　　→裁判所の監督による手続きにより、債権者集会で多数決、かつ3/4以上の債権
　　をもつ債権者の同意を得て当該財産を分配する

・会社としての経営は停止する

E．私的整理の一種である「事業再生ADR手続」

・法的手続と当事者の合意との中間に位置する手続

・訴訟によらず法的には私的整理の一種とされる

・経済産業省の認定を受けた第三者機関であるJATPが仲介して紛争解決を図る

・税法上は法的処理に準じた扱いを受けることが出来る

［ 時 事 問 題 の 事 例 ］

飲食店の自動化　完全非対面の新システム

くら寿司が入店から注文・会計まで、全てのサービスを店員と対面せず受けられる「非接触型サービス」
（完全非対面サービス）をうたう新しい店舗形式を導入した。

回転すし大手のくら寿司は、「非接触型サービス」をうた
う新しい店舗形式の1号店であるくら寿司東村山店（東京都
東村山市）を開業した。新型コロナウイルス感染拡大防止
と店舗運営効率化を目的に、客が店員と対面せず飲食で
きる新システムを導入したのが最大の特徴だ。今後の新店
は全て新形式とし、既存店にも2021年末までをメドに順次
新システムを導入する方針だ。

東村山店では、客は入り口のセルフ案内機で人数などを入力して来店手続きをする。

指の動きをセンサーで検知し、画面に触らなくても指を
近づけるだけで操作できる特殊な「タッチパネル」を使
い、ウイルス付着を抑止している。操作が終わると席番
号とバーコードが付いた紙が発行される。席の場所も店
内のディスプレーで案内され、店員の案内を受けずに自
分で席に行く。

席で注文する際に使うタッチ端末は指の動きセンサーを搭載
しておらず、画面に触る必要がある。これを避けたい客は、
スマートフォン注文機能を使える。タッチ端末に表示される
QRコードをスマホで読み取れば、スマホと席がひも付けら
れ、自分のスマホから注文できる。

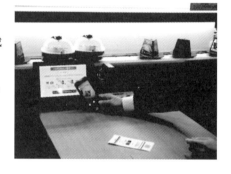

食事が終わったら客は出口のセルフレジで支払いをする。
この間、原則として店員と対面する必要はない。店舗側は店員の
接客時間を削減し、席の片付けなど別の作業に専念することで単
位時間当たりの客数を増やせるとみている。

出典：日本経済新聞電子版「くら寿司、店員と対面せず飲食できる新システム店」2020年11月18日（https://www.nikkei.com/
article/DGXMZO66359440Y0A111C2000000/）から抜粋・編集。

AI農業、栽培から収穫まで　人手不足解消へ一役

農家の勘や経験はおろか、水をまくホースや土さえもいらない——。そんな農業を、人工知能（AI）を使った農産物栽培支援システム「KIBUN」が可能にした。考案したのは横浜市のIT企業、プラントライフシステムズ（PLS）の松岡孝幸社長（53）だ。

■スマホでトマト農園を運営

「午前7〜10時に（授粉用の）蜂を使用してください」。PLSが相模原市で運営するトマト農園では、従業員がAIの指示をスマートフォンで確認しながら1日の作業を進める。

AIがその日の天候や生育具合、ビニールハウス内の環境などのデータを算出。従業員は日々の天候をチェックする必要がなく、システムが設定に応じて自動的に水をまく。空調や養分量の設定を変えるだけで、トマトの糖度を自由に調整することもできる。

スマホやパソコンを手に農園を運営する経営環境を、松岡社長は「農業の工業化」と表現する。工場の製造ラインのように、従業員の技能に頼らず高品質な商品を安定的に作り出せるからだ。

■農業と関係ない仕事からの発想

松岡社長は2つの大学で工学と海洋学を学んだ。いずれも農業とは直接関係ない専攻だ。卒業後は自動車制御技術のソフトウエア会社でセールスエンジニアとして働いた。農業と関係ない学問と仕事をしたからこそ、違った視点を持つことができた。

就職して一人暮らしをするようになって初めて農産物の価格が変化するのを知った。「文房具の値段は変わらないのに、野菜はなぜ……」という素朴な疑問だった。同時に「大量生産のプログラムができれば、大きなビジネスチャンスになる」と確信した。

■サンゴの培地で野菜栽培

工場のように安定した農業生産の夢を諦められず、40歳を過ぎた時に横浜市の外郭団体「横浜企業経営支援財団（IDEC）」に相談。そこで一人の研究者と出会ったことが、起業の弾みとなった。アルカリ性の培地が野菜の品質を高めるという研究成果から、松岡社長は土の代わりにサンゴを使って野菜を育てるシステムを考案した。

大変だったのはそこからだった。基礎研究さえしっかりできていれば、あとはビッグデータの蓄積でシステムをつくれると踏んでいたが「すごく甘かった」（松岡社長）。温湿度だけでなく日照時間や水分量など、作物の品質に影響する要素があまりにも多く、実験とデータ蓄積を繰り返す必要があった。

現在対象としているのはトマトのみ。メロンや茶葉など対応できる作物の種類を広げようと研究に励む。独自の発想で農業の常識を変えようとする挑戦が続く。

■AIカメラ付きロボが果実を選別

愛媛県の山あいのミカン畑。生産者が端末を操作すると、ロボットアームを搭載した台車が急斜面を駆け上がり、ミカンを次々と収穫していく。カゴが満杯になるとロボは倉庫に戻り、果実を選果機に投入。AIカメラで大きさや傷の有無を選別し自動で箱詰めした——。

こんな光景が近い将来に実現するかもしれない。AIシステム開発会社ディースピリット（松山市）の大野栄一社長（65）は「急傾斜でのミカン収穫ロボを3年以内に実用化したい」と意気込む。同社はすでに平地でナシなどの果実を収穫するロボを開発。東京都内の大規模農園が購入し、本格導入に向けて実地での調整を進めている。

収穫ロボはアーム先端にステレオ、赤外線、魚眼の3種類のカメラを備え、対象物との距離や大きさを認識。深層学習（ディープラーニング）で覚えさせた情報を基に、色づきや形などから収穫に適しているかどうかをAIが判断し、適当な果実をつかみ取る。

■若者の就農促進効果に期待

工業製品と違って農作物には個性がある。例えば一つずつ違う茎の位置や角度をどう捉え、ハサミを入れるか。大野社長らはアームが果実をつかむ時の荷重変化を触覚センサーで読み取り、認識する特許技術を開発。課題を克服した。

愛媛は生産量日本一のかんきつ王国だ。しかし、急斜面での作業は重労働だ。11〜12月の繁忙期、農家は早朝から深夜まで収穫作業に追われる。自動化すれば人手不足を解消できる。労働環境が改善すれば、若者の就農促進も期待できるだろう。

出典：日本経済新聞電子版「AI農業、栽培から収穫まで　人手不足解消へ一役　アグリの新地平（3）」2020年10月18日（https://www.nikkei.com/article/DGXMZO64880420S0A011C2I00000/）から抜粋・編集。

小売り、店舗形態見直し　自動化へ加速
ミニストップ完全無人店

日本の小売業で無人店舗が広がり始めた。コンビニエンスストア中堅のミニストップは11月から企業のオフィスの中など約1000カ所に、支払いまでを客が自分でする小型店を出す。高級スーパーの紀ノ国屋も無人店を展開する。深刻な人手不足に新型コロナウイルスへの対応も重なり、店舗形態の見直しが加速している。

他のコンビニも無人化を模索する。ローソンは生体認証とスマートフォンアプリを組み合わせて入退店し、事前に登録したクレジットカードでレジを通さず支払いを済ませる仕組みを想定している。2020年2月から期間限定で実証実験も行った。セブン―イレブン・ジャパンも夜間のみ自動販売機だけで営業する実験店を展開する。

流れは他の小売りにも及ぶ。紀ノ国屋は10月、無人決済の新業態を立ち上げた。来店客は欲しい商品を棚から持参したかばんなどに直接入れ、精算機でキャッシュレス決済をして買い物を完了する。人工知能（AI）カメラや棚の重量センサーなどを使い、どの客がどの商品を手に取ったかを判断して精算額を算出する。

イオン系食品スーパーのカスミでは、茨城県内の企業や官庁のオフィス内に無人店舗の設置を始めた。菓子や飲料、文具などをそろえる小型店で、スマホアプリを使って客が自ら商品のバーコードを読み取り、事前に登録したクレジットカード情報を使って決済できる。

各社が相次いで無人店舗に乗り出すのは、強まる人手不足に加えて新型コロナで消費行動が大きく変わっているためだ。9月のコンビニ大手7社の既存店売上高は7カ月連続で前年同月から減少。在宅勤務の浸透や外出自粛に伴い、都心店を中心に来店が落ち込んでいる。スーパーは巣ごもりで需要が拡大しているが、人手不足や感染防止などでの費用負担感が強まっている。

先行したのは中国だ。同国では店員がいないコンビニ「ビンゴボックス」が火付け役となり、2017年ごろからコンビニを中心に無人の店舗が増えてきた。

無人化を後押しする企業も台頭している。スタートアップの雲拿科技（クラウドピック）は店内設置用のカメラ技術を開発。98％以上の精度で、客が陳列棚から取った商品を見極めることができる。

店舗の無人化が世界で進む

ミニストップ（日）	オフィス向け無人店を1000店展開へ
カスミ（日）	企業や官庁への無人店舗の設置を開始
紀ノ国屋（日）	無人決済の新業態店を10月開設
アマゾン・ドット・コム（米）	完全無人店「アマゾン・ゴー」を18年から開始
中山市賓哥網絡科技（中）	無人コンビニ「ビンゴボックス」を展開

米国でも米アマゾン・ドット・コムが18年から店舗で商品を手に取りそのまま店を出ると、自動で決済が完了する店舗「アマゾン・ゴー」を展開するなど、無人店が普及し始めている。

デロイトトーマツグループの藤井剛パートナーは「コロナ禍でも無人店舗を含めた非接触経済は飛躍的に成長する。25年までにアジア太平洋での市場規模は現在の3倍の300兆円超になる予想」と指摘する。

出典：日本経済新聞電子版「小売り、店舗形態見直し加速　ミニストップ完全無人店」2020年10月23日（https://www.nikkei.com/article/DGXMZO65415020T21C20A0MM8000/）から抜粋・編集。

コロナ後へ手探りのANA　異業種派遣やロボ開発も

新型コロナウイルスで大打撃を受けた航空業界。海外では倒産や人員解雇などが相次ぎ、国際航空運送協会
（IATA）は世界の航空需要がコロナ前の水準に戻る時期を2024年と予想する。「アフターコロナ」時代に向け、
JALとANAも存亡をかけた挑戦を手探りで続けている。

■ANA傘下スタートアップ　アバターロボを開発

巨大な恐竜やマンモスの化石がたたずむ博物館に、声が響く。

「これは大昔の魚の化石です。私よりずっと大きいですね」

「おいしいのですか」

「おいしいのかなあ。人間は誰も食べたことがないので……」

学芸員が笑いながら、ディスプレーが付いた高さ約1.5メートルの遠隔操作ロボットからの質問に答えた。

7月、神奈川県小田原市の県立生命の星・地球博物館で行われたロボット「ニューミー」の実証実験のひとこまだ。
博物館内の映像を見ながらリモコンでロボットを操ったのは、コロナ禍で外出ができなくなった同県南足柄市の身
体障害者施設「足柄療護園」の入所者たちだ。離れた場所から博物館の展示を楽しんだ。同園の柴田和夫事務局長
は「感染防止のため春先から一切外出できず入所者はみんなつらい思いをしていた。久々にお出かけ気分を味わえ
た」と話す。

ニューミーを開発したのはANAホールディングス（HD）傘下のスタートアップ「アバターイン」（東京・中
央）。ANAHDは18年から、旅行に行きたくても距離や時間の制約がある人などが、離れた場所にいてもその場に
いるような疑似体験ができるアバターロボットの開発に取り組んできた。当初はショッピングや娯楽での利用の問
い合わせが中心だったが、新型コロナの感染拡大で状況は大きく変わった。

アバターインによると現在は医療機関や福祉施設からの相談や申し込みが目立ち、ひと月あたりの問い合わせ件数
もコロナ前の約40件から約100件に増えた。在宅勤務や企業の海外拠点での活用、見本市や学会などで感染リスク
を避けながら多くの人同士が交流できるようにすることなども想定される。

遠隔操作ロボットがスマホのような社会インフラとなり、航空会社の新たな収益の柱に育つ日が来るかもしれな
い。

出典：浦田晃之介・日本経済新聞電子版「コロナ後へ手探りのJAL、ANA　異業種派遣やロボ開発も」2020年9月22日（https://
www.nikkei.com/article/DGXMZO64006940Y0A910C2000000/）から抜粋・編集。

兼業・副業で自己申告制 企業に労務管理の責任問わず

政府は未来投資会議を開き、兼業・副業の労働時間の管理について労働者が自己申告する制度を導入する方針を示した。労務管理の手間が生じることが企業が兼業・副業を認めない理由の一つになっている。申告漏れや虚偽申告があっても企業の責任は問わないこととし、解禁に動く企業が増えるよう促す。

厚生労働省の労働政策審議会で検討し、年内に正式に結論をだす。兼業・副業に関心を持つ人は増えているが、導入に慎重な企業は多い。副業先での労務管理の責任を問われかねないためだ。安倍晋三首相は会議で「本業の企業が兼業先の影響を受けずに、労働時間や割増賃金の管理ができるようルール整備を開始したい」と述べた。

未来投資会議の案では労働者が2つの会社の仕事が残業時間の上限規制に収まるよう調整する。本業の残業が増えれば、もう一方の労働時間は抑える。労働時間は通算し、法定外労働時間が発生した分は、どちらの企業も割増賃金を払わなければいけないルールは変えない。

政府の規制改革推進会議は昨年、労働時間を通算する仕組みの見直しを提言していた。副業側の企業も割増賃金を支払わなければいけないことが、副業の受け入れに二の足を踏む要因になっているためだ。ただ、過重労働につながるとの声もあり、未来投資会議は現状を維持する案にした。

源泉徴収制度

所得税は、所得者自身が、その年の所得金額とこれに対する税額を計算し、これらを自主的に申告して納付する、いわゆる「申告納税制度」が建前とされていますが、これと併せて特定の所得については、その所得の支払の際に支払者が所得税を徴収して納付する源泉徴収制度が採用されています。 この源泉徴収制度は、①給与や利子、配当、税理士報酬などの所得を支払う者が、②その所得を支払う際に所定の方法により所得税額を計算し、③支払金額からその所得税額を差し引いて国に納付するというものです。また、給与に対する源泉徴収税額については、通常は年末調整という手続を通じて、精算される仕組みになっています。 （国税庁）

出典：日本経済新聞電子版「兼業・副業で自己申告制　政府、企業の責任問わず」2020年6月6日（https://www.nikkei.com/article/DGXMZO60408910W0A610C2EE8000/）から抜粋・加筆して編集。

丸亀製麺の経営戦略
業績・経営理念・経営者

丸亀製麺（2000年開始）は（株）トリドール（95年設立）の経営
年間売上高＝1,450億円（年間収益27億円）
店舗数＝1,670店（うち590店は海外店）
従業員数＝社員3,800人、パート13,000人
代表取締役・CEO＝粟田貴也

丸亀製麺のビジネスモデル

☑ セントラルキッチン方式を採らず、各店に製麺機を置き、あえて人に依存する方式に

☑ おいしいものを生み出すために、なるべく直営店方式にし、理念の共有を図る

☑ 即断即決で物事を決め、朝令暮改は当たり前、これを成長を持続する原動力に

☑ 常に挑戦者であり続けることでトップランナーになる

★ 粟田貴也の創業理念
創業の原点は、「食の感動」。食欲をそそる香り　料理人の巧みな手仕事厨房の熱気や目の前で調理されるライブ感舌で味わうだけでなく、五感で体感する「おいしさ」。「食の感動」をひとりでも多くのお客様に提供し、世界中に広める。

粟田貴也は1961年生まれで神戸市出身の57歳。警察官だった父親が、中学1年生の時に病死。母親のパートで食い繋ぐ貧しい生活となり、その当時はひもじくて「お腹いっぱい食べられる生活をしたい」というのが願いだった。

大学（神戸市立外国語大学）に進学後、ケーキ屋でアルバイト。そこで店主と意気投合し「会話によって生まれるお客さんの笑顔がうれしかった」と仕事の楽しさを知った。

そのことで起業を決意し、開業資金を貯める為に、佐川急便にセールスドライバーとして勤務し、約1年で500万円ほどをためて大学を中退。焼鳥居酒屋「トリドール三番館」を創業。（＊当初は3つのお店くらいは持ちたいということで「3番館」と名付けた。95年創業。）開店当初はお客さんが来ず、自身は飲まず食わずで経営難だった。

父親の故郷が坂出市だったので、故郷を訪ねた際に食べた讃岐うどんが美味しく、かつお客さんが大勢いたのを見て、「これからはうどんだ」と思い立った。飲食店で大切なのは「できたて」「手作り」「臨場感」だと思っていたので、これを実現するうどん屋として「丸亀製麺」を開始（2000年）。その場で素材から作る活気のある食事処を目指した。（トリドールは2006年に東証マザーズ上場、2008年に東証一部上場。）

飲食店経営者として気をつけていること

・キッチンを見せることは場合によってはリスクとなるが、これを全部見せることでお客様に喜んでいただく

・一定の成功で驕ってはいけない。驕りは禁物なので、慢心しないために常に高い目標を掲げる

・神頼みではなく、自分を信じて自分で決める

・危機への対処は、予測して心配するよりも、危機に直面してから柔軟に打開策を考える方が大切

・優れた調理人は必要ない。旧来の外食チェーンとは異なり、パート店員にでも惜しみなくノウハウを提供する（＊長く続けているパートさんの中には、自分ですぐにでもうどん屋を出せるくらいになった人もいるくらい）

・茹でる工程を1週間みっちり練習すると、その工程においてはプロになれる。10の工程があれば、10人の「細やかなプロ」を育てる方式で経営している

出典：Keystone inc.「飲食の戦士たち（第325回　株式会社トリドール　代表取締役社長　粟田貴也氏）」2012年10月23日（http://in-shoku.info/foodfighters/vol325.html）、Foresight「外食.biz『トリドール編』お客様に愛される店であり続けたい 〜創業業態からの大転換を果したトリドール〜」2008年1月（https://gaisyoku.biz/article/story/toridoll/51/）および丸亀製麺公式サイト（https://www.marugame-seimen.com/concept/）から抜粋・編集。

データサイエンスとIT人材の不足

「データサイエンス」とは何か？　データサイエンスは2000年代に大きく花開き、今では多くの産業で使われるようになり、私たちの身近なサービスもデータサイエンスが裏側で支えているというケースが多くなってきた。新型コロナウイルス禍で遠隔授業やオンライン会議が推進されるなど、様々な分野でテクノロジーの活用が目立つ。文系・理系に関係なく「数理」や「データサイエンス」といった計算式やビッグデータを駆使できる知識の必要性も一気に高まっている。

■消費者の心をつかむには統計学やAIを活用

閲覧しているウェブサイトや検索ワードなどから、性別や年齢、住んでいる地域などが推測できる。加えて、ネット通販の事業者なら、どんな商品を探して買ったのか、買い物カートに入れたけれど結局買わなかった商品はどれか、など購買に至る各種行動から、細かく消費者の好みを推測できる。ネットを通じて蓄積した、こうした情報は事業者にとって宝の山だ。似た嗜好を持つ人がよく買う商品を提示すれば、関心をもって買ってくれる可能性が高いからだ。例えば、アマゾンのサイトをみれば「おすすめ商品」が出てくるアレだ。あるいは、ネットフリックスをみれば「おすすめ映画・ドラマ」が、音楽配信サービスのスポティファイ（スウェーデン）のアプリを開けば「おすすめ音楽」が出てくるという具合だ。データサイエンスの考え方では一般的に、課題解決に向けたデータ分析は3つのプロセスに分かれている。

・1つ目は「何が起こったか

・2つ目は「これから何が起きるか」

・3つ目は「何をすればよいのか」

各プロセスの分析には統計学や、最近何かと話題の人工知能（AI）が使われることが多くなってきた。データ量の増加によって分析手法はより高度になってきているが、この3つのプロセスを軸とするデータサイエンスの基本的な考え方自体が変わることはないポイントだ。

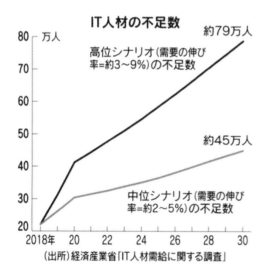

データサイエンスの3つのプロセス

1　何が起こったか
事象の説明
2　これから何が起きるか　予測
3　何をすればよいのか　意思決定

■日本におけるIT人材の育成

IT人材の不足数

約79万人
約45万人

80 万人
70
60
50
40
30
20
2018年　20　22　24　26　28　30

高位シナリオ（需要の伸び率＝約3〜9％）の不足数

中位シナリオ（需要の伸び率＝約2〜5％）の不足数

（出所）経済産業省「IT人材需給に関する調査」

プログラミングの上位概念として、日本には「情報」といういい言葉がある。小学校から国語や算数といった主要教科の一つとして、「情報」を加えたらどうか。そのなかでプログラミングも学ぶ。延長線上に統計や数理・データサイエンスがあるべきだ。まずはインターネットの仕組みなどの「情報」を理解すればいい。そうすれば匿名掲示板なら書いてもバレないとの考えが、いかに危険なのかがわかるようにもなる。

AIを使いこなせる高度なIT人材の育成のため、日本ではプログラミング教育が小学校で2020年度から始まり、21年度からは中学校でも実施される予定だ。しかし、問題は圧倒的な教員不足なのが現状だ。

汎用化した身近な技術を組み合わせて、身の回りを幸せにできるようになることが大切。誰もがデータサイエンティストやAI技術者になる必要はないが、仕組みを理解し情報を深め、価値を見いだせるような教育をすることが大切だ。

出典：ブレインパッド・奥園朋実・日本経済新聞電子版「消費者の心をつかめ　3つのプロセス」2020年6月14日（https://www.nikkei.com/article/DGXMZO60010170V00C20A6I00000/）およびデジタルハリウッド大学大学院・佐藤昌宏・日本経済新聞電子版「小学校から『情報』教科を IT人材の育成策」2020年5月18日（https://www.nikkei.com/article/DGKKZO59161580V10C20A5TCL000/）から抜粋・編集。

AI人材の育成が急務

日本国内で人工知能（AI）の人材育成の遅れが深刻だ。高度な知識を持つ「トップ級人材」だけでなく、将来の研究者や技術者を育てる大学教員らも少ない。米国や中国、インドなどと比べてAI人材の裾野を広げる体制が脆弱だ。政府は2025年をめどに年間25万人を育成する目標で、一定水準の教育内容の講座を国が認定する制度を導入する。企業も足並みを合わせ、官民を挙げた体制づくりを急いでいる。

政府の教育再生実行会議がまとめた第11次提言で、大学などのAIに関する講座への認定制度の導入を盛りこんだ。内容の質が高い講座に、国がお墨付きを与える。大学生らが就職活動でスキルとして示せるようにして履修を促す。

AI人材の育成強化は日本の大きな課題だ。政府は3月末、専門知識を持つ人材を毎年25万人育てる目標を掲げた。現状はAIを専攻する修士課程を修了する人が全国で毎年約2800人にすぎない。育成体制を拡充しトップ級人材やビジネス現場に生かせる実務級人材、一定以上の知識を持って使いこなせる層も増やす。

例えば経済学専攻の学生をAIで市況データを分析して経済予測できるまで育てる。多くの大学では、人材育成を担う教員が不足する。若手研究者が、待遇のよい企業の研究所などに移る動きが目立つことが原因だ。研究者の間では「人材育成を担当できる教員は全国で100人程度」との見方もある。

大学は海外から教員を招く動きを強める。長崎大学グローバル連携機構の松島大輔教授は18年秋、インドの理系の最高峰、インド工科大学ハイデラバード校を訪ねた。深層学習などが専門の30代のインド人研究者ら30人に「ぜひ長崎で教えてほしい」と訴えた。

AI人材の育成には企業との連携が欠かせない
政府の育成目標（年間）

トップクラス	100人	**トップ級人材** 先端研究をけん引。数・多様性ともに不足
エキスパート	2000人	
応用基礎	25万人	**実務級人材** ビジネス現場の主力。数の不足が深刻に
リテラシー	50万人（大卒・高専卒全員）	**AIによる様々なサービスを使いこなす知識を持つ人材**
	100万人（高卒、小中学生全員）	

裾野を広げようと、産学連携の取り組みも始まった。17年に設立された日本ディープラーニング協会（東京・港）は、深層学習の認知度を高めるため、ビジネスパーソン向けの「G検定」とエンジニア向けの「E資格」の試験を始めた。20年までにG検定で10万人、E資格で3万人の取得者を目指す。これまでの合格者はGが6199人、Eは479人だ。スタートアップも動く。AI開発のプリファード・ネットワークス（東京・千代田）は4月、日本語の初心者向けオンライン教材を無料で公開した。数学やAIで一般的なプログラム言語「パイソン」の基礎から、画像認識や自然言語処理への応用方法を学べ、大学や企業で活用してもらう。

自動運転や販売予測、医療など様々な分野でAIの活用が広がり、専門知識を持つ人材の需要は増え続ける。ソニーコンピュータサイエンス研究所の北野宏明社長は「企業は大学と同じ事はできない。基礎はしっかり大学で学んだ方がいい」と指摘する。政府や大学、企業が協調し、人材育成の体制を広げることが必要だ。

出典：日本経済新聞電子版「AI人材　教員も払底　外国人誘致、産学連携がカギ」2019年6月2日（https://www.nikkei.com/article/DGXMZO45584440R00C19A6EA5000/）から抜粋・編集。

第3部：商取引の重要ポイント

〔学ぶ内容〕
知的財産権、情報化社会と消費者重視

★今回のテーマ
競争政策について ── 総論

A．資本主義経済への視点

　私有財産を広く認める資本主義経済の下では、原則として商取引は自由契約によって行われる。しかし、19世紀型資本主義経済が重大な問題を引き起こしたように、無制限の自由主義は逆に弱肉強食の極端な格差社会を生じさせる。また1930年代に世界大恐慌が起きたように経済の極端な膨張と収縮を生じさせる危険性が高い。そこで、現在の資本主義経済は原則としての競争を政策として採り入れながら、競争法や労働法などによる一定の規制をかけながら経済活動を調整している。競争法は公正かつ自由な競争を促進することを目的としており、私的独占行為や不当な取引制限を禁止している。日本では競争法は「私的独占の禁止及び公正取引の確保に関する法律」という名称で制定されており、略呼称としての「独占禁止法」または「独禁法」が使用されている。

B．独占禁止法の目的

　市場経済の柱である自由競争の維持を目的としているが、「自由」と言っても、野放しの自由ではなく「公正な競争」を確保するための法律である。

C．知的財産権に関する法律（特許法、商標法など）の目的

　特許法や商標法などは大手企業にとって重要な「知的資産を保護」するための法律である。しかし、他方で社会の発展のためには人の頭脳活動の結果である知的資産を広く社会で活用するために、その内容を「公開」させた方がよい。したがって、知的財産権に関する法律では、その権利者に一定期間の独占化・寡占化を許容し、その反射的効果としての社会への広い公開を実現している。

D．不正競争防止法の目的

　特許権や商標権などの工業所有権については、一般に大手企業が多くの権利を持っており、それが社会的信用度の基盤ともなっている。これは世界的にも広く保護されており、条約「工業所有権の保護に関するパリ条約」も成立している。これを国内法化して優良な大手企業を技術的側面や名称（商品名や会社名）について弱小な会社から保護することを目的として制定したのが不正競争防止法である。

[資料] 独占禁止法違反事例

（抜粋）株式会社山陽マルナカに対する排除措置命令及び課徴金納付命令について

平成 23 年 6 月 22 日　公正取引委員会

　公正取引委員会は、株式会社山陽マルナカに対し、独占禁止法の規定に基づいて審査を行ってきたところ、次のとおり、同法第 2 条第 9 項第 5 号（優越的地位の濫用）に該当し同法第 19 条の規定に違反する行為を行っていたとして、同法第 20 条第 2 項の規定に基づく排除措置命令及び同法第 20 条の 6 の規定に基づく課徴金納付命令を行った。

2　違反行為の概要

　山陽マルナカは、遅くとも平成 19 年 1 月以降、取引上の地位が自社に対して劣っている納入業者（以下「特定納入業者」）に対して、次の行為を行っていた。

(1) 新規開店、全面改装、棚替え等に際し、これらを実施する店舗に商品を納入する特定納入業者に対し、当該特定納入業者が納入する商品以外の商品を含む当該店舗の商品について、当該特定納入業者の従業員等が有する技術又は能力を要しない商品の移動、陳列、補充、接客等の作業を行わせるため、あらかじめ当該特定納入業者との間でその従業員等の派遣の条件について合意することなく、かつ、派遣のために通常必要な費用を自社が負担することなく、当該特定納入業者の従業員等を派遣させていた。

(2) 新規開店又は自社が主催する「こども将棋大会」若しくは「レディーステニス大会」と称する催事等の実施に際し、特定納入業者に対し、当該特定納入業者の納入する商品の販売促進効果等の利益がない又は当該利益を超える負担となるにもかかわらず、金銭を提供させていた。

(3) 自社の食品課が取り扱っている商品（以下「食品課商品」）のうち、自社が独自に定めた「見切り基準」と称する販売期限を経過したものについて、当該食品課商品を納入した特定納入業者に対し、当該特定納入業者の責めに帰すべき事由がないなどにもかかわらず、当該食品課商品を返品していた。

(4)（ア）食品課商品のうち、季節商品の販売時期の終了等に伴う商品の入替えを理由として割引販売を行うこととしたものについて、当該食品課商品を納入した特定納入業者に対し、当該特定納入業者の責めに帰すべき事由がないにもかかわらず、当該食品課商品の仕入価格に 50 パーセントを乗じて得た額に相当する額を、当該特定納入業者に支払うべき代金の額から減じていた。

（イ）食品課商品又は自社の日配品課が取り扱っている商品（以下「日配品課商品」）のうち、全面改装に伴う在庫整理を理由として割引販売を行うこととしたものについて、当該食品課商品又は当該日配品課商品を納入した特定納入業者に対し、当該特定納入業者の責めに帰すべき事由がないにもかかわらず、当該割引販売において割引した額に相当する額等を、当該特定納入業者に支払うべき代金の額から減じていた。

（5）クリスマスケーキ等のクリスマス関連商品（以下「クリスマス関連商品」）の販売に際し、仕入担当者から、特定納入業者に対し、懇親会において申込用紙を配付し最低購入数量を示した上でその場で注文するよう指示する又は特定納入業者ごとに購入数量を示す方法により、クリスマス関連商品を購入させていた。

3　排除措置命令の概要
（1）山陽マルナカは、前記2の行為を取りやめている旨を確認すること及び今後当該行為と同様の行為を行わない旨を、取締役会において決議しなければならない。
（2）山陽マルナカは、前記（1）に基づいて採った措置を、納入業者に通知し、かつ、自社の従業員に周知徹底しなければならない。
（3）山陽マルナカは、今後、前記2の行為と同様の行為を行ってはならない。
（4）山陽マルナカは、今後、次の事項を行うために必要な措置を講じなければならない。
（ア）納入業者との取引に関する独占禁止法の遵守についての行動指針の改定
（イ）納入業者との取引に関する独占禁止法の遵守についての、役員及び従業員に対する定期的な研修並びに法務担当者による定期的な監査

4　課徴金納付命令の概要
　山陽マルナカは、平成23年9月26日までに、2億2216万円を支払わなければならない。

出典：公正取引委員会「独占禁止法（違反事件関係）」平成23年6月22日「株式会社山陽マルナカに対する排除措置命令及び課徴金納付命令について」

ポイント：

●従業員等の不当使用

●協賛金の支払の強要

●不当な返品

●納入価格の不当な減額

●購入強制

★今回のテーマ
価格カルテルの禁止

A．独占禁止法の目的

市場経済の柱である自由競争の維持を目的としているが、「自由」と言っても、野放しの自由ではなく「公正な競争」を確保するための法律である。

B．独占禁止法の内容

競争政策において主に問題とされる行為は下記である。

（1）私的独占

（2）価格カルテル

（3）入札談合

（4）再販売価格の拘束

（5）共同の取引拒絶

（6）優越的地位の乱用

　　↑　以上の行為を、即座に違法とするのではなく、
　　　　市場内シェア等に注目して判断する

C．公正取引委員会の役割

　　●独占禁止法の運用

　　　　　　行政の役割として
　　　　　　警察や検察の役割として
　　　　　　裁判所の役割として

　　●勧告・審決・訴追

★今回のテーマ
企業結合の規制

A．企業結合における規制

　企業どうしが事業を結合して競争力を増そうとする場合には、市場内の支配力が高まり、競争を阻害する結果となる可能性があるので、独占禁止法に抵触するかどうかが問題となる。

　公正取引委員会により下記を具体的に調査し、「競争を実質的に制限することになるかどうか」を判断する。

⬇ 具体的には、

　企業結合が行われた場合の、一定の「取引分野（市場）」について特定し、下記について検討・判断する。

- ☑ 市場内シェアの変化
- ☑ 競争者（競争相手）の数や集中度
- ☑ 参入の容易性
- ☑ （関連する輸入品があれば）輸入状況
- ☑ 関連する市場への影響
- ☑ 結合企業の総合的な事業能力

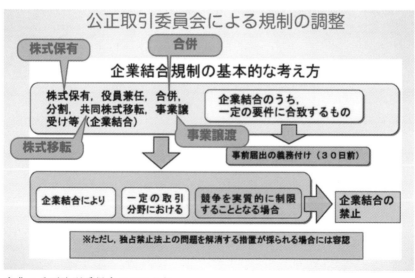

　　　出典：公正取引委員会のHPより

Ｂ．企業結合の種類

業界内の種別	業種ア		業種イ
メーカー	Ａ1社	Ｂ1社	Ｐ1社
部品納入	Ａ2社	Ｂ2社	Ｐ2社
流通販売	Ａ3社	Ｂ3社	Ｐ3社

▼

■水平型企業結合

［例］A1社とB1社による企業結合の場合

　水平型企業結合とは、上記の表では、A1社－B1社が事業を統合したり協力関係を作ることを言う。この両社は、本来は同じ業種内での競争関係にある会社であるから、競争が阻害される可能性が高い。

■垂直型企業結合

［例］A1社－A2社またはA1－A2－A3社による企業結合の場合

　垂直型企業結合とは、上記の表では、A1社－A2社－A3社が事業を統合したり協力関係を作ることを言う。これらは競争関係にあるというよりは取引関係にある会社であるから、水平型に比べると直接的・短期的には競争が阻害される可能性は低い。この関係を日本ではケイレツと呼ぶことがある。しかし、取引関係が固定化された場合には、業界内のケイレツを持たない新規参入会社を排除する結果となることも少なくない。これも長期的な視野に立てば、競争を阻害する可能性があると言える。

■混合型企業結合

［例］A1社－P1社またはA1社－P2社による企業結合の場合

　混合型企業結合とは、異なる業界での事業統合を混合型企業結合と呼ぶ。これは水平型や垂直型と比べ企業結合の中で競争阻害可能性が最も低い企業結合である。

> ★今回のテーマ
> # 景品表示法

A．景品表示法

　景品表示法の正式名称は「不当景品類及び不当表示防止法」であり、景品についての規定と商品表示についての規定とに分かれる。

B．景品について

（1）景品規制の理由

　販売促進のために行われる景品付き販売は、競争手段の一つとしての側面があるが、もし景品について景品規制がなければ、企業は価格や品質ではなく安易に景品によって消費者を誘引する場合も起こりうる。具体的には、景品付き商品の場合、消費者は景品をもらったときは得をしたと感じるが、実際には景品に要する費用は商品の価格に転嫁され、結局は消費者の利益にならないことも多い。もちろん、値引きがよいか景品を付けた方がよいかは、消費者の選択に任せるべきであるし、そもそも消費者はどちらが得かよくよく吟味して商品を購入すべきだということになるが、過度の消費行動の誘引を抑制する目的で同法が制定されている。一般に消費者は、値引き額よりも高い景品でなければ値ごろ感を感じないと言われており、例えば、商品の値引きが極端な場合は20％や30％ということもあるが、通常の商品の平均的値引きは10％程度までであるので、商品の購入者全員に提供する総付景品の場合においても、景品提供は値引よりも高くかつ妥当な範囲である20％を限度としており、それ以上の景品を提供することは違法とみなしている。

（2）懸賞の種類

一般懸賞 商品やサービス利用の顧客に対し、抽選券やクイズの正誤により景品を提供するもの		
取引価格	最高額	総　額
5000円未満	価格の20倍まで	売上予想総額の2％まで

共同懸賞 商店街やショッピングモールなど複数の事業者が共同して行うもの（年間3回が限度）		
取引価格	最高額	総　額
取引価格を問わない	30万円まで	売上予想総額の3％まで

総付景品 （1）商品の購入者全員に景品類を提供、（2）小売店が入店者全員に景品類を提供、 （3）申込や入店の先着順に景品類を提供するもの		
取引価格	最高額	総　額
0円〜1000円未満	200円	総額の制限なし ＊性質上、売上によるので、制限を付けられないことも多い
1000円以上	20％まで	

（3）オープン懸賞

　商品の購入やサービスの利用、来店などを前提とせず、新聞、TV、雑誌、ウェッブサイト等で広く告知して懸賞に申し込むことが出来るものは、取引に付随して提供されるものではなく、オープン懸賞と呼ばれている。かつてはオープン懸賞で提供できる金品等の最高額は1000万円までとされていたが、2006年より上限額が撤廃された。

C．表示について

　一般消費者は商品や役務等を選択して購入する場合には、その品質や内容について、業者の表示する外形を信じて購入するしかない。したがって、虚偽の表示や事実と誤認するような表示をされると商品や役務等に対する信頼感が損なわれ、消費社会全体の安全や秩序を損なうことになる。したがって、景品表示法では商品等の品質や価格などについて実際のものより著しく優良であるとか、他の業者の提供するものよりも著しく有利であると誤認させるような表示を禁止している。さらに、原産地・原産国の表示や無果汁飲料の表示などについても事実を誤認させるような表示は禁止されている。

（1）優良誤認

　商品や役務等が、その品質や規格などの「内容」において実際のものより著しく優良であると一般消費者に誤認されるような表示のこと。あるいは、他の競争事業者の提供する商品や役務等の「内容」よりも自己の提供するものの方が著しく優れていると誤認されるような表示。

（2）有利誤認

　商品や役務等が、その価格などの「取引条件」において実際のものよりも著しく有利であると誤認されるような表示のこと。あるいは、他の競争事業者の提供する商品や役務の「取引条件」よりも自己の提供するものの方が著しく有利であると誤認されるような表示。また、商品や役務等について、実売価格よりも高い架空価格・虚偽価格を併記するこにより実売価格があたかも割安であるかのようにみせかける表示も禁止されている。

（3）誤認されるおそれのある表示

　また、特に下記事項についての表示は禁止されている。

　　　①無果汁の清涼飲料水等について果汁が入っているかのような表示
　　　②商品の原産国（原産地）に関する不当な表示
　　　③消費者に対する信用融資に関する不当な表示
　　　④不動産のおとり広告に関する表示
　　　⑤一般のおとり広告

〔事例〕

炭酸飲料「トクホウ」事件（2013年5月）
キリンのメッツコーラと外観が似ている飲料（コカコーラのファイバー8000）の発売時に「トクホ（特保）」と誤認させる「トクホウ（特報)」と表示して日本コカ・コーラが消費者庁に行政指導された。

D．所管

　2009年に公正取引員会から→消費者庁に業務が移管された。また、景表法違反の行為を中止させる命令が「排除命令」から→「措置命令」に名称変更された。

★今回のテーマ
不正競争防止法

A．不正競争防止法の目的

　競争法は公正かつ自由な競争を促進することを目的としており、日本では競争法として独占禁止法（正式名称は「私的独占の禁止及び公正取引の確保に関する法律」）や不正競争防止法、景品表示法（正式には「不当景品類及び不当表示防止法」）などを制定している。公正な競争をする上で特許権や商標権などの工業所有権（産業財産権）を持つことは競争に有利となり、多くの企業がこれらを創造するために熱心な研究開発投資を行っている。企業にとっては、それらを所有することが社会的信用度の基盤ともなっている。これは世界的にも広く保護されており、条約「工業所有権の保護に関するパリ条約」も成立している。これを国内法化して優良な企業を技術的側面や名称（商品名や会社名）について無断利用する会社から保護することを目的として制定したのが「不正競争防止法」である。

B．不正競争防止法の保護対象を類型化してみると

類　型	内　容	事　例
著名表示冒用	他社の著名な商品表示やブランド名を勝手に使用する行為。	「CHANEL」「Louis Vuitton」「adidas」
形態模倣	最初に販売されてから３年以内に他社の商品の形態を模倣する行為。	エルメス・バーキン事件　シチズン時計事件
周知表示混同	広く認識されている他社の商品と類似の商品表示を利用する行為。	カニ道楽の動くカニ看板　McDonald's の略称＝マック
営業秘密	他社の顧客名簿や販売マニュアルなどを流用。	他社の顧客名簿などを勝手に複写して使用する場合
原産地誤認	原産地・品質・製造方法などを誤認させるような表示をする行為。	「イタリア産」「車エビ」「地鶏」
競争者営業誹謗	競争関係にある他社の営業上の信用を害するような虚偽を流布する。	「Ａ社の商品は違法」「Ｂ社のサービスは詐欺」

★今回のテーマ
知的財産権の種類

A．知的財産権と競争政策

　知的財産権に関する法律は人間の知的創作物や営業上の標識の独占権を認める制度であるが、他方で、「独占禁止法」は私的独占を禁止する制度である。

　と言うことは、両制度は対立関係にあるように見えるが、「産業の発展への寄与」または「文化の発展への寄与」という知的財産権の目的と「国民経済の民主的で健全な発展の促進」という独占禁止法の目的とを比較すると、同じ方向を目指していることが分かる。

　具体的には、著作権などの知的創作権の行使と認められる行為や、技術などを特許権などの知的財産権化することで技術を独占するなどの行為は、独占行為であっても「独占禁止法」に触れる事がなく、ビジネス展開が出来る特別の制度である。その結果、他社との差別化をはかり、商品を独占販売できる『特権』（国の制度による擁護）を手に入れることが出来る。これが知的財産権の特徴であり、今日のように地球規模でのビジネス展開が可能な社会においては、優れた知的財産権の有無が企業力や国力の高低を示す指標となっている。

B．知的財産権の種類

産業財産権 （工業所有権）	著作権
●特許権 ●商標権（トレード・マーク） ●意匠権（デザイン） ●実用新案権 ↑ 工業所有権4法	●著作権 （複製、上演・演奏・放送、翻訳の可否など狭義の著作権） ●著作者人格権 （公表権、氏名表示権、同一性保持権など創作者本人の固有の権利） ●著作隣接権 （実演家、出版社、レコード会社、放送事業者の持つ権利） ↑ 著作権法
その他、「トレードシークレット」「営業ノウハウ」「顧客名簿」なども知的財産権の中に入るが、これらは不正競争防止法、独禁法、関税定率法などにより規律される。	

C．主な知的財産権

　知的財産権（Intellectual Property Right：かつては「知的所有権」や「無体財産権」とも呼ばれた。）は、物権や債権と並び法の世界で重要な位置を占める財産権の一つである。物権が「物に対する権利」と呼ばれ、債権が「人に対する権利」と呼ばれるのに比較して、知的財産権は「人のイマジネーション（発想）に対する権利」と呼ぶことができる。この権利が、経済が高度化するにしたがって急速に注目を集めるようになってきた背景には、★経済社会の高度技術化、★ハード（ハードウェア）に付随するあるいはハードから切り離されたソフト（ソフトウェア）の重要性の高まり、★市民生活の富裕化による選択肢の拡大化などが掲げられる。それはつまり、「物」そのものよりも、物を作り出す「技術」や「創造アイデア」の相対的な重要性が高まって来たことによる。

　知的財産権は大きく2つのグループに分類され、一方はその権利が容認されるために基本的には登録が必要な産業財産権（工業所有権）であり、他方は、登録など必要なく権利が認められまた文化的側面も強調される著作権である。

■産業財産権（工業所有権）はさらに次の具体的な4つの権利に分けることができる。
　　(1) 技術の発明に対して認められる<u>特許権</u>
　　(2) ビジネスを行う上での物やサービスに対する呼称を中心とする<u>商標権</u>
　　(3) デザインや表装に対して認められる<u>意匠権</u>
　　(4) 発明と言うほどではない新しい工夫に対して認められる<u>実用新案権</u>

■著作権の特徴

　著作権は、小説・論説・詩などの出版物、コンサートやCDなどの音楽、映画・DVDやTV・インターネット上で上映・放映される映像などに認められる権利であり、登録を必要としないが、文化の発展や各種商業活動にとってはなくてはならない権利である。

　グループとしての広義の「著作権」には、いくつかの個別の権利が属しており、具体的には、(1) 著作物の作者・作曲家に与えられる<u>狭義の「著作権」</u>があり、(2) これに付随して、氏名を表示する・しないの決定権や著作物の同一性を保持する・しないの決定権である<u>「著作者人格権」</u>が認められる。また、(3) これと同程度あるいは商業活動にとってはこれ以上に重要なのが<u>「著作隣接権」</u>であり、これは出版社の出版権やレコード会社の発売権、TV局の放映権などを保護する権利である。著作権には、文化的な面と商業的な面とが密接に結びついており、どちらをより優先するかによってその意味付けが大きく変わってくるという特徴を持っている。

[資料] その他の知的財産権

　産業財産権＜工業所有権四法、パリ条約＞や著作権＜著作権法、ベルヌ条約＞の他にも下記の権利がある。

■回路配置利用権
　半導体回路配置を保護する権利。＜半導体回路配置保護法、IPIC 条約＞

■育成者権
　種苗の品種を保護する権利。＜種苗法、UPOV 条約＞

■原産地表示
　地理的原産地を特定する表示。＜不正競争防止法、TRIPS 協定＞

■ドメイン名
　インターネットにおいて不正にドメインを使用する行為を禁止。＜不正競争防止法、WIPO 勧告＞

■商号権
　商人が名称を商号として利用する権利。＜商法、パリ条約＞

■肖像権
　肖像が持ちうる権利。＜憲法、民法＞

■著名標識
　著名な商品表示と類似の標識を使用させない権利。＜不正競争防止法＞

■タイプフェース
　デザインされた一連の文字の書体、特に独創性と美的特性を備え美術鑑賞となる書体に対する権利。＜タイプフェイスの保護及びその国際寄託に関するウィーン協定＞

■営業秘密
　企業で社外秘として管理されている有用な技術や営業上の情報を保持したり、不正に入手することを禁止する権利。＜不正競争防止法、民法の不法行為＞

メ　モ

★今回のテーマ
知的財産権と産業活動

A．産業活動に寄与する知的財産権

　製品を造ったり、サービスを提供するのに活用される知的財産権を類別すると、特許権、実用新案権、意匠権、商標権などの産業財産権（工業所有権）や著作権、著作隣接権などの著作物をめぐる権利や、特殊な権利である回路配置利用権、育成者権、営業秘密等に分けることができる。

製品やサービスに利用されている主要な知的財産権

商標権
・メーカー名
・ブランド名
・ロゴマーク

＊自己の商品やサービスに使用する文字、記号、図形

特許権
・リチウムイオン電池
・液晶画面
・タッチスクリーン

＊これまでにない親規性、進歩性を持った独創的な発明

意匠権
・携帯電話本体のデザイン

＊独創的で美的外観をもつ物品の形状、模様、色彩などのデザイン

実用新案権
・回転式画面
・スクロールホイール
・ソフトタッチボタン

＊特許と異なり発明ではないが、物品の構造や形状を改良した新しい工夫

著作権
・携帯電話を動かすソフト
・通信会社提供のサービスメニュー
・購入後ダウンロードする各種アプリ

＊アルゴリズムを利用したコンピュータプログラムは著作物の一種である

B．権利の発生

　知的財産権は、登録により発生するものと、創作等により直ちに発生するものがある。登録を要する権利のうち産業財産権については特許庁に、回路配置利用権は（財）ソフトウェア情報センターに、また、育成者権は農林水産省に、それぞれ登録することにより権利が発

生する。なお、著作権は著作物を創作した時点で、著作隣接権は実演や販売を行った時点で、それぞれ権利が発生するため登録の必要はない。（＊ただし、譲渡など権利の明確化のために文化庁へ登録することも出来るようになっている。）また、不正競争防止法による不正競争行為によって営業上の利益を侵害されたり、侵害されるおそれのある場合には、不正競争行為の停止・予防請求、損害賠償請求権を認めることによって権利が保護されている。

C．特許権とは？

特許とは一言で言えば、「発明」のことであるが、特許として認められる発明は、下記3つの要件が備わっていることが必要である。

（1）特許適格性：自然法則を利用した技術的創作のうちで高度のもの。単なる数式の発見などでは特許に適格とは言えない。

（2）新規性：もう既に世の中で充分に使われていて、いわば常識化しているような技術ではなく、これまでにはなかったような新しい創作であること。

（3）進歩性：これまでの技術を発展させ・進歩させた技術であること。

　特許制度では、自然法則を利用した技術的思想の創作のうち高度のものを保護の対象とする。したがって、人為的な取り決め（＝金融保険制度・課税方法など）や暗号技術や計算方法など自然法則の利用がないものは保護の対象とはならない。また、技術的思想の創作であるから、自然法則の発見そのもの（例：ニュートンの万有引力の法則の発見など）は保護の対象とならない。また、この創作は高度のものである必要があり、技術水準の低い創作は特許しては認められない。

D．なぜ特許権を独占権として認める必要があるのか？

　人の創意工夫や発明は、目に見えない思想・創造やアイデアの表現なので、家や車のような物（有体物）のように、目に見える形で誰かが占有・支配できるというものではない。発明等が特許制度のような合理的な制度によって保護されていなかった過去においては、何かを発明した者や国はそれを隠し・秘密にし、自分だけが利用出来るようにしておくことで、他人や他国が利用出来ないようにした。つまり、重要な発明は、それが制度により適切に保護されなければ、発明者は、自分の発明を他人に盗まれないように秘密にしておこうとする。しかし、新しい発明を秘密にしてしまうことは、文明の発展や人材・資源の効率的利用の面から言うと後ろ向きな方法であり、文明の進歩を遅らせる原因となる。そこで、近代になって、特許制度を整備し、発明者には一定期間の独占権を与えて発明の保護を図る一方、その発明を広く公開して利用を図ることにより新しい技術を人類共通の財産としていくことにして技術の進歩を促進し、広く産業の発達に寄与しようという考え方・制度になった。日本の特許

法第1条にも、その目的として「この法律は、発明の保護及び利用を図ることにより、発明を奨励し、もって産業の発達に寄与することを目的とする」と規定していることでも分かる。

E．特許権の先願主義とは？

特許権を誰に認めるかの方法としては、先発明主義と先願主義とがある

（1）先発明主義

　最初に発明をした者に特許権を認める考え方。もし、同時に同じ発明をした者がいた場合、どちらが先に特許出願したかどうかではなく、先に発明した者を特定してその者を発明者として認め、特許権を与えるという考え方。先発明主義の考え方は、一見して特許制度の趣旨に適うように思えるが、権利成立後に新たな発明者が現れるおそれがあり、権利が常に不安定な状態に置かれること、研究者・発明者は常に発明日を立証する記録をつけておかなければならず、研究上の負担が大きいこと、先発明をした者を特定する手続を経ないと権利付与が出来ないことなどから、先発明主義を採る実務上の利点は少ない。こうした事情から、ほとんどの国は先発明主義を採用していないが、主要国の中では米国のみがこの主義を採っていた。しかし、国際的にも非難が多く、2006年に開かれた国際会議で、米国も先願主義に移行することを正式合意し、2011年中に議会で可決した米国連邦法 Leahy-Smith America Invents Act によって先願主義に移行する予定である。

（2）先願主義

　最初に特許出願を行った者に特許権を与える考え方。もし、同時に同じ発明をした者がいた場合、どちらが時間的に発明が早かったかどうかを問題にするのではなく、先に特許庁に出願した者（＝出願日が早い者）に特許権を与えることにしている。現在は、ほとんどの国でこの制度を採っている。米国も先発明主義から先願主義への移行を進めており、原則として世界的には先願主義で統一されることになる。

［資料］各国における特許申請手続を共通化する方向へ

特許 世界共通化に着手

日米欧など 中国取り込む

政府は6月から米国、欧州、中国、韓国と特許制度の共通化に向けた協議に入る。発明を論文などの形で出願して公表した発明者の救済策や、審査中の特許技術の公開範囲など40項目が対象になる。特許制度を整備して企業が世界で事業展開しやすい環境を整える。特許出願が急拡大している中国に協議を促し、国際的な枠組みに取り込む狙いがある。

（特許制度は3面、きょうのことば、参照）

6月から40項目協議

世界の特許出願数は年間200万件近くに上る。企業は制度の共通化を要望してきた。世界の特許出願数の8割を占める日米欧中韓5カ国・地域は6月中旬に統一していく。

共通化の焦点の一つは、発明公開から申請までの猶予期間「グレース・ピリオド」だ。企業な

国境を越えて有効な特許が必要になっているためだが、国ごとに制度が異なっていて特許取得の可否が見通しにくい。審査時間の長期化や出願コスト増大という問題点もある。

7年に開始し、今回が5回目。具体的な40項目について初めて協議入りで合意する。1年後をめどに違いの少ない項目から順次共通化で合意する予定。各国ごとの法改正の手続きを経て、同じ制度に統一していく。

特許制度共通化に向けた協議の主な論点

新規・進歩性	技術が文献などにどこまで明示されていれば先行事例になるのか
	既存技術の組み合わせの扱い
公開性	審査中の技術をどこまで公開するのか
	特許出願に先立って公開した技術の扱い
企業秘密	特許出願せずに使っている技術が後から出願された場合の扱い

どが製品を特許出願に先立って公表した場合、あとで出願しても資格を失うケースがある。発明者の早さを優先する「先願主義」に移行したことが特許の共通化を急ぐ契機になっている。今後、特許だけでなく実用新案や意匠の共通化も検討課題になる見通しだ。

米国が11年9月、発明した時点を重視する「先発明主義」から特許出願の早さを優先する「先願

閉するかどうかについても協議する。米国では公開しないため何十年もたって特許取得が認められる場合がある。すでに一般的になっている技術でも突然、他社の特許になり、日本の大手自動車会社もこれまで多額の和解金などを払ってきた。

中国が初めて世界で1位と

許など、中国企業は特許に限らず知財全般で海外企業に揺さぶりをかけており、中国でビジネスをする日本企業にもリスクが高まっている。

中国には実用新案や意匠を形式的な審査のみで認める例もある。中国企

特許審査中の技術を公国が初めて世界で1位と特許出願数は11年に中

なった。中国で特許法にあたる「専利法」は1984年に制定。09年までに3回にわたり改定を重ねてきた。それでも中国で知的財産権に絡む摩擦が後を絶たないのは、運用に問題があるとの指摘が多い。中国では急激に出願件数が増えたため審査員が不足している。

中国での特許紛争を巡っては、地方ではいまだに公正とはいえない判決が出る」（日系企業関係者）との声が少なくない。商標権をめぐり米アップルの多機能携帯端末「iPad（アイパッド）」の販売差し止め訴訟を起こすなど、中国企業は特

業は「取るに足らないアイデアでもとにかく出願する」（森・浜田松本法律事務所の遠藤誠弁護士）傾向があり、11年末に有効な実用新案の件数は約112万件に上る。

出典：日本経済新聞（2012年3月6日版1面）

★今回のテーマ
特許権の帰属と発明の対価

A．職務発明について

80年代以降、世界的に特許権などの知的財産権を重要視する政策が採られるようになった。その副産物として問題が生じたのが、発明者とそれを促した会社との間で生じる「職務発明」の問題である。

職務発明とは、下記の条件の下でされた発明のことである。

（1）会社組織の研究部門に属する会社員（つまり被雇用者）が、

（2）報酬（給与）を受け取りながら、

（3）会社の研究設備を使って、

（4）職務内の仕事として、

（5）勤務時間内に行った「発明」である。

→この職務発明から生じている問題とは、その発明の結果として申請された特許権の「帰属」の問題と、その発明の「対価」をどう評価するのかという問題である。

B．事例

青色LED訴訟（2005年1月）

この訴訟は、元日亜化学工業の会社員であった中村氏（中村修二）が、同社を被告として提訴したいわゆる「日亜化学事件（通称『中村裁判』）」のことである。一審である東京地裁は、特許権の帰属を会社にあると判断したが、その見返りとしての中村氏への対価は、日亜化学が青色LEDの販売で得た利益の約50％と見積もり、金額にして600億円（中村氏が求めていたのは、最高200億円の訴訟額であったので、判決では200億円）が対価であると認定した。日亜化学が東京高裁に控訴したが、中村氏側が裁判所の和解勧告を受け入れ、結審した。和解で認められた金額は約8億4000万円（貢献度5％の評価）であり、第一審での評価額よりも低いが、職務発明をめぐる訴訟では最高額である。

日立特許訴訟（2006年10月）

光ディスクの読み取り技術をめぐる発明者（米沢成二）と会社（日立）との特許訴訟である。争点は発明者の発明の寄与度が何％であり、結果としての発明対価がいくらになるのかであった。重要なポイントは、(1) 他の会社に許諾した特許のクロスライセンス分を算定できるのか、(2) 発明者の寄与度をいくらに見積るのかである。

判決を出した最高裁（東京高裁の判決を容認）は、(1) については算定できる（許諾料は6億円）とし、(2) については寄与度20％と算定した。結果として、発明者の対価は約1億6000万円と認められた。

［資料］特許権の取得／クロスライセンス契約

特許権の取得

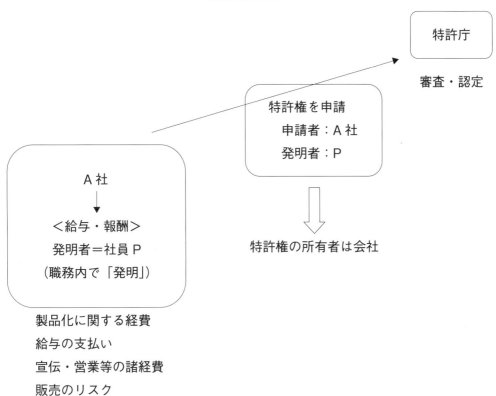

A社
↓
＜給与・報酬＞
発明者＝社員P
（職務内で「発明」）

特許権を申請
申請者：A社
発明者：P

特許庁
審査・認定

特許権の所有者は会社

製品化に関する経費
給与の支払い
宣伝・営業等の諸経費
販売のリスク

クロスライセンス契約

A社　　　　　　　　　　　　　　　　　　　B社

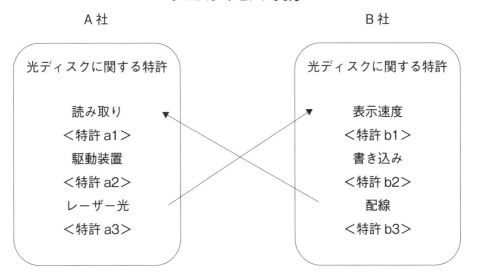

光ディスクに関する特許

読み取り
＜特許a1＞
駆動装置
＜特許a2＞
レーザー光
＜特許a3＞

光ディスクに関する特許

表示速度
＜特許b1＞
書き込み
＜特許b2＞
配線
＜特許b3＞

★今回のテーマ

特許権・商標権などの知的財産権と並行輸入問題

A．総論

　特許権や商標権は、特許庁への登録により知的財産権として認められ、登録によって権利を独占出来る「排他的独占権」の効果を持つ。したがって特許権等は基本的には登録地（登録国）内でのみ効力を持つ属地的な効力を認められていることになる。しかし、他方で、特許技術により製造された製品が輸出され、国際的に流布される場合が容易に想定出来る。この場合、権利の登録された当該国で特許技術を使って製造され、一度市場に流布された商品が他国に輸出されたことによって、輸出先当該国の特許権の許諾は問題となるものであろうか？

B．［事例］BBSアルミホイール並行輸入事件（1997年）

BBSアルミホイール並行輸入事件の事実と地裁（第一審）の判断	
事　実	紛争の発生： 　上告人Ｘは、日独両国において自動車用アルミホイールに関する発明につき特許権を有するドイツ法人である。被上告人Ｙ１、Ｙ２は、Ｘがドイツで製造販売したアルミホイールを1985年頃から並行輸入してきたところ、1992年以降、並行輸入の許否をめぐって両者の間に紛争が生じた。そこで、Ｘは、Ｙ１らに対して輸入販売行為の差止と損害賠償を求めて本訴を提起した。
第一審	東京地裁判決： 　第一審判決（東京地裁）は、Ｘにはドイツ国内における特許品の販売につき、特許権者としての利益を確保する機会があったとして、Ｙ１らの主張の前提をなす「二重利得機会論」に一理があることは認めながらも、現在の世界の特許制度は、世界を一つの法域として一個の特許制度があるのではなく、各国がそれぞれの国内で効力を有する特許制度を有するものであり、したがって、同一の発明について複数の国で特許を得た者は、それぞれの国における技術公開によるその国の技術の進歩と産業の発展への寄与の代償として付与された特許権の効力により、当該特許発明の実施品である商品のその国への輸入や最初の譲渡をその国ごとに支配することが認められている、とし、日本の特許法にこの解釈を否定する明文の規定がない以上、現在においては、並行輸入行為は日本の特許権を侵害することになると判示した。 ★ポイント：特許権の属地的適用範囲を厳格に解釈した。

BBS アルミホイール並行輸入事件の高裁（第二審）の判断

東京高裁判決：

　　控訴審判決（東京高裁）では、特許権者等による発明公開の代償確保の機会を1回に限り保障し、この点において産業の発展との調和を図るという「国内消尽論」の基盤をなす実質的な観点から見る限り、拡布が国内であるか国外であるかによって格別の差異はなく、単に国境を越えたことの一事をもって、発明公開の代償を確保する機会を再度付与しなければならないという合理的な根拠を見いだすことはできない。特許権の効力が、適法な拡布の後にまで当該製品に及ぶとすると、当該製品の移転には、その都度特許権者の同意を要することになり、取引の安全を害することははなはだしく、特許に係る製品の流通を妨げ、ひいては、産業の発達を著しく阻害することは明白である。
★ポイント：国内消尽論および二重利得機会論に立つ。つまり、適用範囲よりも流通阻害の方を重く見る。

BBS アルミホイール並行輸入事件の最高裁の判断

最高裁の判断：

■まず、二重利得機会について：

　　特許権の国内的消尽については、二重利得機会論に基づき容認できるが、国際的消尽については、A国において有する特許権に対し、同一の発明についての特許権（＝対応特許権）をB国においてもっているとしても、これらは別個の権利であることに照らせば、特許権者がA国での権利行使とは別に、B国での特許権に基づく権利を行使したとしても、これをもってただちに二重の利得を得たとは言えない。

■次に、特許権者による黙示的同意について：

（1）日本への輸出予見性

　　特許製品を国外において譲渡した場合に、その後に当該製品が日本に輸入されることが当然に予想されることに照らせば、特許権者が留保を付さないまま特許製品を国外において譲渡した場合には、譲受人およびその後の転得者に対して、当該製品が日本に輸出された場合に、「日本において特許権の制限を受けないで当該製品を支配する権利」を黙示的に授与したものと解すべきである。

（2）特許権者の権利

　　特許権者は、国外での特許製品の譲渡に当たり、特定国（本件では日本）の特許権行使の権利を留保することは許される。したがって、特許権者が譲渡の際に、①譲受人との間で特許製品の販売先ないし使用地域から日本を除外する旨を合意し、②製品にこれを明示した場合には、当事者（特許権者－譲受人）のみならず転得者もまた、当該製品につきそのような制限が附されていることを知ることができ、この制限の存在を前提として当該製品を購入するかどうかを決定することができるので、転得者にとっても不合理な結果とはならない。

■結論：

　　上記（2）の点から本件を見ると、Xが本件各製品の販売に際して、「販売先ないし使用地域から日本を除外する」旨を譲受人との間で合意したことについても、また、そのことを本件製品に明示したことについても、そのような事実はないのであるから、日本における当該製品の特許権行使が留保されているとは言えない。逆に（1）の点から見て、Xはむしろ「日本において特許権の制限を受けないで当該製品を支配する権利」を黙示的に授与したもの、と解することができるのであるから、Xの主張する損害賠償の請求および当該製品販売・使用の差止請求を棄却する。
★ポイント：本件のように留保を付さないまま特許品を販売した場合には並行輸入は合法であると認める。並行輸入を止めたいなら、契約上にも製品表示にも並行輸入を禁止する文言を表記すべきである。

★今回のテーマ
消費者重視 ── クチコミによる情報伝達

A．消費者重視の流れ

　今日では、製品の販売やこれに付随するサービスが製造や提供する側ではなく、消費者優位の時代が到来している。その主要な理由には、今日の経済を取り巻くデフレ状況を背景にして、これを補完する形で消費者のニーズや情報提供・交換の仕方が大きく変化して来たことが挙げられる。また、今日ではこれに合わせてマーケティングの仕方も変化して来ている。特に、クチコミの多用化が進展し、これが行き過ぎてやらせクチコミまで登場している。

　　　キーワード：「大量生産」、「規制緩和」、「新興国の経済成長」、「カネ余り現象」、「デフレ」、
　　　　　　　　　「通信ネットワークの発達」、「情報化社会」、「クチコミ」、「SNS」

B．情報の流れが変化

商品（製品）に関する情報を誰が最も多く持っているのか？	
従来は	業者　→（製品に関する情報）→消費者

現在は	消費者→（製品に関する情報）←消費者 ↓ 業者

C．マーケティングの手法

(1) イメージ重視戦略

　　ブランド、価格設定、商品キャラクター、ライフスタイルなど

(2) 新商品のテスト

　　なぜコンビニに置かれる新商品は2週間で消えるのか？

(3) マーケティングの手法に「クチコミ」効果を活用

　　AIDMA型マーケティングからAIDEES型やAISCEAS型マーケティングへ

［資料］製品に関する情報の流れ

従来は

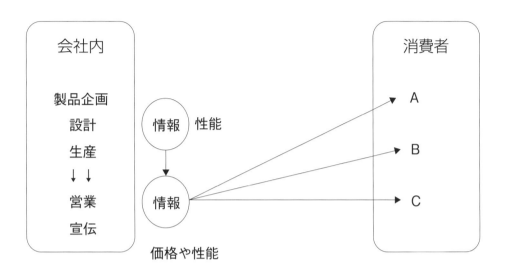

現在は

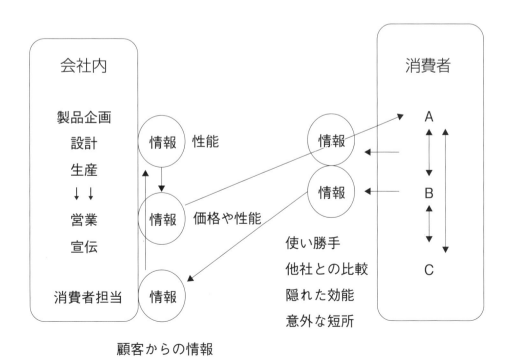

[資料] 商品販売の視点

商品の購入にネット情報を利用したり直接ネットから購入する機会が増えるにつれ、かつて
の AIDMA 型消費から AIDEES 型や AISCEAS 型へと変化している。

AIDMA（アイドマ）型の顧客獲得
1. Attention（注目） 2. Interest（関心） 3. Desire（欲求） 4. Memory（記憶） 5. Action（購入）→購入して顧客に

AIDEES（アイデス）型の顧客獲得
1. Attention（注目） 2. Interest（関心） 3. Desire（欲求） 4. Experience（購入して体験）→購入 5. Enthusiasm（熱中・信奉）→熱心な顧客に 6. Share（共に享受＝推奨）→口コミに

AISCEAS（アイシーズ）型の顧客獲得
1. Attention（注目） 2. Interest（関心） 3. Search（検索） 4. Comparison（比較） 5. Examination（検討） 6. Action（購入）→購入して顧客に 7. Share（共に享受＝情報共有して推奨）→口コミに

AIDEES 型も AISCEAS 型も自らが商品を購入するだけでなく、気に入った商品について
他人と「S（共に享受して推奨)」する行為が含まれている。これによって購買者が連鎖的
に循環して行くことが知られている。この場合、多くはネット上のクチコミが利用される。
近年では匿名性の高い掲示版だけでなく、発信者が特定されている SNS（ソーシャルネッ
トワーク）が利用される頻度が増している。つまり、企業側から見れば、購入者こそが情報
発信者であり、広告塔となる消費行動である。企業側がこれを無理にコントロールしようと
すればやらせクチコミにつながり、逆に消費者の不信感を呼ぶ結果となる。遠回りに見えて
も、顧客の心を掴み続ける商品やサービスの開発を行う努力をすることが必要であろう。

メ　モ

★今回のテーマ
著作権とデジタルコンテンツ

A．デジタルコンテンツについてのポイント

（ポイント1）現代社会における動画や音楽、映像の意味

デジタルコンテンツに対する著作権の位置づけ

（ポイント2）Napster がなぜ問題になったのか？

ファイル交換ソフトとしての Winny 問題

（ポイント3）Google のビジネスモデル

Google Earth が秘める多くの可能性

Google はなぜ YouTube を買収したのか？

（ポイント4）Facebook 等の SNS がなぜ注目されるのか？

Google 検索の限界と SNS のピンポイント性

（ポイント5）著作権保護強化の動き

B．米国の著作権法

米国ディズニー法の意味
「著作権期間延長法：Sorry Bono Copyright Term Extension Act」（1998 年） 　1998 年に人気の高い著作物を所有する企業からの強い圧力を受け、著作権保護期間の 20 年間延長を米国議会が認めて同法を立法した。これにより、AOL Time Warner、The Walt Disney Co. など、米国映画協会（MPAA）に加盟する大手メディア各社が持つ世界的に有名なコンテンツについて著作権保護期間の延長が認められた。保護期間延長により、個人著作物は死後 70 年、企業著作物については公表後 95 年間に延長された。（1976 年以来、前者は死後 50 年，後者は公表後 75 年であった。） 　立法の中心的な理由は 1923 年に創業されたウォルト・ディズニー社等の有する多数のコンテンツ（書籍、映画、楽曲等）の著作権が切れ、パブリック・ドメイン（＝社会の共有財産）に加えられようとする直前だったことにある。そのため、同法を「ディズニー法」と呼ぶこともある。同法は違憲ではないかと争われたが、米国連邦最高裁は 2003 年 1 月に「違憲ではない」との判断を下し、同法の合憲性が示された。

（1）米国著作権法の特徴（特に動画、音楽、映像の時代における特徴）

　米国では、著作物の利用者が、「自分の曲を相手に渡さず（コピーさせず）聞かせるだけ」という行為自体は一般的に合法だと解釈されている。つまり、他人の PC やスマートフォンにダウンロードさせず、再生させるだけであれば、違法性はないということになる。YouTube などの動画サイトが合法的に多くの魅力的な動画を掲載することが出来る根拠になっている。

（2）著作権保護強化の動き（特にSOPA法案をめぐる動き）

　2011年10月米国下院に提出された法案が問題となっている。SOPA法案（Stop Online Piracy Act）とPIPA法案（Protect IP Act）である。これらの立法では、裁判所からの命令や著作権者からの通知により、違法なコンテンツを配信するウェッブサイトのサービスを遮断したり検索対象から除外する措置を採る義務を課すことが出来る。したがって、ISP（プロバイダ）、検索エンジン、決済事業者、広告事業者等に対して、命令や通知により当該サービスの提供を停止させることが出来るようになるのである。特にこれまでと異なるのは、現行法の管轄外にある外国サイトによる著作権違反行為を阻止しようという内容が含まれていることである。この法案が議会を通り法律となると、既存サービスに大幅な規制がかけられると予想され、多くのネット上のサービスが影響を受けることになる。

C．日本の著作権法
第51条
第1項　著作権の存続期間は、著作物の創作の時に始まる。

第2項　著作権は、この節に別段の定めがある場合を除き、著作者の死後五十年（50年）を経過するまでの間、存続する。

第53条
第1項　法人その他の団体が著作の名義を有する著作物の著作権は、その著作物の公表後五十年（50年）を経過するまでの間、存続する。

＜存続期間＞

日本では、著作権の存続期間は、個人著作物の場合でも、企業著作物の場合でも、死後／公表後50年間となっている。

＜違法性＞

日本の著作権法では、著作物の利用者が、「自分の曲を相手にコピーさせる」あるいは「自分の曲を相手にコピーさせず聞かせるだけ」という行為は，いずれも違法となる。

★今回のテーマ
世の中の情報のあり方が変化している…

A．Google Earth に代表される検索の特徴

2004 年に Google Earth が発表されたときには、世界中の政府が驚きと共に脅威をもって迎えた。←将来は、自社の衛星を打ち上げ、ほぼリアルタイムな映像を配信することを計画していると言われる。

その特徴は、

● ビジュアル性
● インタラクティブ性
● 網羅的検索性

B．「情報」の質的変化

世の中の「情報」のほとんどは、実はまだ検索エンジンによって捕捉できないのが現実。
（現在では、まだせいぜい1%程度しか検索できないと言われている。）
また、世の中の「情報」の多くが「絵（グラフィック）」や「映像・動画」によって検索できるようになりつつある。
（例）Google Earth における地図情報から目的地のホームページへのリンク

C．Google による YouTube の買収

米国 Google 社 = 1998 年創業→　2004 株式公開（時価総額は約 18 兆円）
米国 YouTube 社 = 2005 年創業

　→2006年にGoogle社がYouTube社を約2000億円（現金ではなく株式交換方式）で買収

D．Twitter や Facebook などのソーシャルネットワークの登場

ツイッターやフェースブックなどは、個人の興味や時事的な問題を中心に運営されているので、ピンポイントな情報で溢れている。また情報の即応性が高い。

E．WikiLeaks の出現によるマスコミの陳腐化

報道を中心としてこれまでは各国の巨大マスコミが情報を独占して来た。情報を取捨選択して、あるいは特定の情報を肥大化して一般市民に伝えて来たが、ウィーキリークスの誕生によって、その優位性が崩れる予兆を感じさせた。

Ｆ．世の中の情報のあり方が変化している

これからの「情報」の方向性
【イメージ重視とアニメーション】 　人の意識が、論理型から、ますます「イメージ重視型」になる。 　それに伴い、イメージを作りやすいアニメーションが多用化される。
【実写とコンピュータ・グラフィック】 　技術の進歩（＝アニメーションやコンピュータグラフィック）と人の欲求（＝画像で見たい）とが合致し、実写とコンピュータ・グラフィック（＝実際の映像と作られた映像）との見分けがつかなくなる。
【個人の欲求と情報の共有】 　個人の「欲求」（＝自分も参加したい）が、これまで以上に強くなる。 　情報が一方的に流れるのではなく、双方向化される。 　マスコミよりも Facebook や YouTube のような個人発信型でピンポイントな情報が重視される。

世の中の情報のあり方が変化する…
■コンテンツ 　これまでは「情報」というと言葉や数字が中心であったが、これからは実写（写真・動画）やアニメーション、コンピュータ・グラフィックが情報の中心となる。 ■報道 　報道の中身もグラフィックが多用されるようになる。文字や論理よりもグラフィックによる情報の伝達。現場に居た一般市民の動画等が決定的な瞬間を捉える。 ■人の意識の変化による社会変化へ 　その結果、「報道」や「生活情報」の中身が変化し、人の意識が変化するために、現代生活の仕組がさらに変化することになる。動画サイトや SNS を運営する会社が世の中の多くの情報を手中にし、力を持つようになる。 ■企業活動 　企業主体のマーケティングから消費者主体のマーケティングへ。一定の顧客が情報発信を行い、企業の商品やサービスが選別される。熱狂的なファンがヒット商品を作り上げる。

★今回のテーマ
高度情報化社会と機密情報開示 ── WikiLeaks 問題の意義

A．ウィキリークスの目的

　ウィキリークス（WikiLeaks）は 2006 年に創設された政府機密情報や企業内部情報、動画などを公開するためのウェッブサイトである。投稿者の身元を露呈せずに大量の機密文書を公開（リーク）出来るように工夫されており、各国政府の脅威となっていた。創始者の一人ジュリアン・アサンジ（Julian Assange：1971 年生）はオーストラリア人の元ハッカーであり、居所を一カ所に定めず、各地を点々とする生活をしていた。米国国務省の機密情報をサイトで公開した後、スウェーデン当局が別件で逮捕状を発行したことを受けて英国で逮捕・拘留された後、監視付きの保釈が認められた。サイトは資金難から 2011 年 10 月には活動を停止している。

B．これまでの経緯

2007 年当時

初期のウィキリークスは中国政府の機密情報を漏洩させることに努力していた。この頃はまだそれほど有名でもなかった。

2010 年 4 月

イラク駐留の米軍ヘリコプターがイラク市民や外国記者を銃撃して殺傷した動画を公表して世界的にサイトの存在が知られるようになった。

2010 年 10 月

イラク戦争における米軍安全保障上の機密文書 40 万点が公開された。この中で「民間人が無差別に殺された」とか「イラク人拘置者への拷問を行った」などの報告書が含まれており、問題となった。

2010 年 11 月

米国の在外公館などから米国国務省宛に報告された機密文書 25 万点の公開が始まった。これによって米国と諸外国とのやり取りや米国関係者の評価などが一般公開されてしまい、「米国の本音が分かった」として諸外国との関係が悪化する懸念が持たれている。

C．ウィキリークスが提起した問題とは？

　ウィキリークスは米国国務省の機密情報を公開する前に、その信憑性を確認するために各国のマスコミに対して 1 ヵ月間ほどの精査を依頼した。しかし、日本のマスコミに対しては一部を除いてほとんど情報が提供されていない。ウィキリークスが行った行為はジャーナリズムの本質を実行しているとして世界的評価は高いが、日本のマスコミがこの問題に対して比較的冷淡なのは、このせいではないかと言われている。ウィキリークス自体は資金難に陥り活動を停止したが、既存マスメディアが視聴者の期待に応えられない場合には、この種のサイトは近い将来、形を変えて再び登場すると考えられる。ウィキリークスが提起した問題とは、既存のメディアの陳腐化である。情報発信者がこれまでのような巨大資本に限定されなくなったことを明確に証明したことに意義がある。

［ 時 事 問 題 の 事 例 ］

ノーベル賞 本庶佑氏が小野薬品工業を提訴
―小野薬品が「オプジーボの対価は売上高の1％」と主張する根拠―

夢の薬と騒がれたがん免疫治療薬「オプジーボ」の特許の対価を巡り、ノーベル賞受賞の本庶佑・京都大学特別教授が小野薬品工業を提訴すると表明した。本庶氏は「支払い約束の不履行」を糾弾すると共に「特許の対価が低過ぎる」と訴えているが、製薬業界では職務発明対価の相場や判例などを根拠に小野薬品を擁護する向きもある。

 **VS.**

2018年にノーベル生理学・医学賞を受賞した京都大の本庶佑特別教授は、がん免疫薬「オプジーボ」の対価を巡り、共同で特許を取得した小野薬品工業に対し、約226億円の分配金などの支払いを求める訴訟を大阪地裁に起こした。支払いを求めるのは、オプジーボの類似薬を販売する米製薬大手メルクが小野薬品に支払う特許使用料の一部だ。小野薬品は2017年にメルクから受け取る額の1％を本庶氏に支払う旨を示していたとされる。本庶氏は「メルクから受け取る額の40％を支払う」との約束があると主張し、供託されている1％分を除く約226億円の支払いを求めている。

夢の薬と騒がれたがん免疫治療薬「オプジーボ」の誕生に欠かせなかったPD-1分子を発見し機能を解明した功績で、本庶氏がノーベル医学生理学賞を受賞したのは2018年。その頃から法廷闘争を予言する業界関係者は少なからずいたが、当のオプジーボの貢献で業績好調な小野薬品工業の経営陣は今どのような心境だろう。

業界王者、武田薬品の職務発明対価は0.025％！

ある製薬企業の社員は06年当時の契約について、「実用化が見通せない時期の対価に相場はなく、是非は何とも言えない」と話す。別の社員は「交渉の過程で何があったかは知らないが、最終的には両者がサインした契約書がすべて。本庶先生がごねるほど、今後の国内産学連携に悪影響」とにべもない。

「0.75％～2％も支払うと言うなら、小野薬品は全くもって良心的じゃないか」と話すのは、国内製薬トップ、武田薬品工業に数年前まで勤めた元研究員だ。

この元研究員によると、青色発光ダイオード（LED）の発明対価を巡る訴訟（04年の一審判決で日亜化学工業に200億円支払い命令、控訴審は8億4000万円の支払いで05年に和解）を受け、武田薬品社内では職務発明対価の社内規定がより明確化されたという。

ただしその社内規定は「売上高の0.025％×変数」（変数は技術の優位性や他社との権利問題の有無などで評価され、1以下）。これはアイルランドの大手バイオ医薬、シャイアーを買収して世界有数のメガファーマ（巨大製薬企業）となった現在も変わっていない。

小野薬品の「1％」主張の根拠はアステラス製薬のハルナール訴訟？

小野薬品はケースごとに「1％前後」を特許の対価として提案してきた場面が多い。なぜ「1％」が基準となっているのか。知的財産に詳しい業界関係者が「小野薬品が根拠の一つにしているのではないか」と推測し、小野薬品の対応に理解も示すのは、知的財産高等裁判所が13年1月に判決を下したハルナール訴訟だ。

当該訴訟では売上高に対する貢献度として、「発明者1％、使用者（企業）99％」と判示されたことだ。理由としてはハルナール開発にあたっての固有の事情を列挙するとともに、「企業による適応症の選定および製品化に向けた関連する技術の開発が、巨額な売上高を獲得するに当たって特に大きな貢献をしている」などと示された。

製薬企業に勤める、ある職務発明者は言う。「発明者が本当に欲しいのはお金ではなくリスペクト。それがないから、発明者が企業を訴える例が絶えないのではないか」

出典：DIAMOND online「ノーベル賞本庶氏との特許闘争で小野薬品が『対価は売上高の1％』と主張する根拠」2020年6月16日（https://diamond.jp/articles/-/240345）、日本経済新聞電子版「本庶氏、226億円求め小野薬品を提訴　オプジーボ巡り」2020年6月19日（https://www.nikkei.com/article/DGXMZO60545340Z10C20A6AC8000/）および日本経済新聞電子版「本庶氏が小野薬品を提訴　産学連携の契約、工夫必要」2020年6月19日（https://www.nikkei.com/article/DGXMZO60591970Z10C20A6EA3000/）から抜粋・編集した。

ソニーCSL、24年ぶり京都に研究拠点
京都で狙う技術革新：最先端と伝統の二律背反

ソニー傘下の研究組織、ソニーコンピュータサイエンス研究所（ソニーCSL）が、24年ぶりに世界で3カ所目となる拠点を京都に設けた。最先端の研究から犬型ロボット「AIBO」の基本ソフト（OS）などを生み出してきた頭脳集団が京都で狙うのは何か。キーワードは「押しつけない京風文化」が生み出す効果だ。

京都市中心部の四条烏丸から南に徒歩10分ほど。小道の一角に立つビルの3階にソニーCSL京都研究室はあった。周辺には真宗仏光寺派本山の仏光寺などがあり、市街地ながら古都の雰囲気も色濃く残す。

ソニーCSL副所長の暦本純一氏は京都研究室を立ち上げた経緯を振り返る。京都に地縁はない。それでも「仕事以外で一番来ていた土地」と、京都に強い魅力を感じていた。技術と社会の向き合い方を探る中で「上から押しつけではない、本質的なゆたかさ」を求めると、京都の風土は「お手本になる」と考えている。

「京都は普通にローマから持ってきたイタリアンでなく、京風になる」。暦本氏はレストランの例で京都の魅力を説明する。技術や文化など新しいモノが絶えず入り込んでくるが、そのまま導入するわけではなく京風で包み込む。「単純な輸入文化でも、昔の伝統への固執でもない文化を持つ」とみる。

この文化こそが、新拠点に期待するモノだ。人を便利にする技術はともすると押しつけがましくなる。合理的に設計された都市にいるからこそわざと遠回りをして散歩したい、ロボットがあらゆる作業を代替するからこそ自分で何かをやり遂げる達成感を求める。暦本氏はこの二律背反にもみえるヒトの欲望の中に「ゆたかさ」があり、新たな発想につながるとみる。

立ち上げ当初の京都研究室の研究員は暦本氏ら3人だ。東京大学の教授でもある暦本氏は人と機械を上手につないで人間の能力を従来以上に拡張する「人間拡張」を研究する日本の第一人者だ。バックパックのように背負って人の跳躍力を飛躍的に高めたり、声を出さずにアタマの中で人工知能（AI）と対話できたり——。まさに近未来の技術だ。

ほかにはAIを通じて生命のあり方などを研究するフランス人のラナ・シナパヤ氏、都市研究の竹内雄一郎氏がそれぞれ専門テーマを研究する。京都に強い地縁を持たない3人はあえて京風の研究を志すわけではない。「環境が結果的に研究を変える」（暦本氏）との効果を期待する。

研究室はオープンスペースが広くとられ、活発な議論を促す。料理人や伝統職人との距離が近い京都の特色を生かし、協業する可能性を見越して研究所には似つかわしくないキッチンもある。今後研究者5人、インターンなど学生ら5人程度の組織へと広げる構え。シナパヤ氏は「若い人と連携しながら進めたい」と期待感を示す。

ソニーCSLはソニーの子会社だが、本体とのビジネスとは直接関係のない独立した研究機関だ。米ゼロックスのパロアルト研究所やAT&Tのベル研究所などを参考につくられ、化粧品や農業、ロボット義足など本業と関係ない研究を続けてきた。それでも、AIBOや半導体など本業にも生きる技術を開発した。日本のAI研究の第一人者である北野宏明氏ら一流の研究者も抱える。

32年前に誕生したソニーCSLは、京都研究室と同じく3人の研究者から始まった。ソニー本体の経営が大きく揺らぐ激動の中を生き抜いてきた。新型コロナウイルスの感染拡大はテレワークを通じてどこでも仕事ができる事実を突きつけた。だからこそ、物理的な場所の意味が問われる。そんな答えを模索する役割も京都研究室は担っている。

出典：本文は日本経済新聞電子版「ソニーCSL、24年ぶり研究拠点　京都で狙う技術革新　最先端と伝統の二律背反、『押しつけない京風』に学ぶ」2020年7月19日（https://www.nikkei.com/article/DGXMZO61637840X10C20A7000000/）から抜粋・編集、aiboの写真はSONYの公式英文HP（https://www.sony.net/SonyInfo/News/Press/201711/17-105E/）より抜粋。

その出品、違法かも　フリマアプリで摘発相次ぐ

フリマアプリなどを通じたインターネット上の個人取引が増える中、日用品の売買を巡る摘発例が目立ってきた。売り方や商品によって法規制があり、警察などが監視の目を強めている。専門家は「ルールの周知も必要だ」と指摘している。

古物営業法

警視庁は5月、ファッションブランド「コム・デ・ギャルソン」の古着3点を仕入れてネットオークションなどで転売したとして、20代の男を古物営業法違反（無許可営業）容疑で書類送検した。服の売買自体は違法ではない。ただ、男の売り方には問題があった。

男はこのブランドを展開する会社の社員で服の相場に詳しく、高く売れる古着をフリマアプリや実店舗で仕入れ、ネット上での転売を繰り返していた。約3年間に約450点の古着を転売し、200万円を超える利益を得たとみられる。

古物営業法は主に盗品の売買防止が目的だ。中古品の売買などを「営業」する場合は都道府県公安委員会の許可が必要で、無許可営業は3年以下の懲役などの罰則がある。警視庁は男の売買回数や利益額などから「営業」にあたると判断。男は「ばれなければ大丈夫だと思った」と供述した。

肥料取締法

肥料取締法という聞き慣れない法律の適用例もあった。肥料の品質を保つため、同法は販売業者に都道府県知事への届け出を義務付け、違反した場合の罰則は1年以下の懲役などと定める。だが千葉や福岡など6県の男女7人はフリマアプリなどを通じて無届けで肥料を売った疑いがあり、警視庁が6月に同法違反容疑で書類送検した。

7人はそれぞれ余った園芸用の肥料や、自宅の薪（まき）ストーブで出た「草木灰」を小分けにして販売したとされ、いずれも「違法とは知らなかった」と説明した。

フリマアプリ＝6,000億円・ネットオークション＝1兆円の市場

経済産業省の調査によると、ネット上の個人間取引の市場規模（2018年推計）はフリマアプリが6,392億円、ネットオークションが1兆133億円だった。近年はフリマアプリの伸びが大きく、16年（3052億円）から倍増した。

摘発例はこれまで、医薬品や偽ブランド品の違法売買など悪質な事案が目立った。警察幹部は「利用者が知らずに違反した場合でも、思わぬ大きな被害を招く恐れがある。積極的に摘発する意義はある」と強調する。

フリマアプリなどへの違法な出品の例
中古品を無許可で繰り返し転売するなど（古物営業法）
衣類、書籍、時計、美術品、楽器、家具
許可や免許、届け出が必要（医薬品医療機器法、酒税法など）
湿布、漢方、コンタクトレンズ、酒、たばこ、肥料
高値での転売など（国民生活安定緊急措置法、チケット不正転売禁止法）
マスク、消毒液、ライブやスポーツのチケット

酒類販売の免許

酒類の売買に対しては国税当局が監視を強めている。酒類は不用品を1回出品するのは問題ないが、継続的に売るには酒税法に基づき税務署長の免許が必要。違反すると1年以下の懲役などが科される恐れがある。国税庁酒税課の担当者は「頻度や量によっては違法になり、取引には常に目を光らせている」と話す。

フリマアプリの運営会社などはこうした商品について利用者向けのガイドラインに記載し注意を呼びかけているが、規制への認識が不十分な利用者も少なくないとみられる。転売禁止などの記載があるチケットや、新型コロナウイルスの影響で品切れが続いたマスクなど、新たに規制がかかるケースも出ている。

転売問題に詳しい福井健策弁護士は「インターネットを通じて誰もが手軽にモノを売れる時代が到来したが、ルールの周知が追いついていない。どのような出品がなぜ規制されているのか、取引サイトの運営者や警察などは丁寧に説明すべきだ。利用者も注意を払う必要がある」と指摘した。

出典：日本経済新聞電子版「その出品、違法かも　フリマアプリで摘発相次ぐ」2020年7月26日（https://www.nikkei.com/article/DGXMZO61712910Q0A720C2SHJ000/）から抜粋・編集。

アイコス広告に課徴金5億円 フィリップモリス・ジャパン
過去最高額、消費者庁が景品表示法違反と認定

消費者庁は24日、加熱式たばこアイコスを「期間限定で安く買える」とした広告は虚偽で景品表示法違反（有利誤認）に当たるとして、フィリップモリスジャパン（東京）に課徴金5億5274万円の納付命令を出した。同庁によると、過去最高額。期間を過ぎた後も割引キャンペーンを続けていた。

同庁表示対策課によると、違反対象は2016年1月～18年3月に、コンビニ3社の各店舗の店頭に設置されたアイコスの2製品の立体広告など。

消費者庁が景品表示法違反に当たると指摘したアイコスの広告（同庁提供）

期限を定めた上で「今なら会員登録すれば3千円OFF」などと宣伝していた。フィリップモリスジャパンは、期限を過ぎた後も複数回広告を作り替え、「大好評につき期間延長」と記載するなどして、1～5カ月間の期間限定キャンペーンを繰り返していた。

消費者庁は、取引を急がせ、あおるような表示をしたと判断。19年6月、再発防止命令を出していた。

同社の担当者は「不適切な表示を指摘された広告については深くおわびし、二度と同様の事案がないよう社員研修などで景品表示法順守の徹底に努める」と話した。

これまでの課徴金最高額は、実際の性能より車の燃費が良いとカタログに記載したのは景品表示法違反（優良誤認）に当たるとして、17年1月に三菱自動車に命じた4億8507万円。

出典：日本経済新聞電子版「アイコス広告に課徴金5億円　過去最高額、消費者庁」2020年6月24日（https://www.nikkei.com/article/DGXMZO60734550U0A620C2CC1000/）から抜粋・編集。

第4部：自由貿易と国際金融

〔学ぶ内容〕
自由貿易の原則と国際金融の現状、技術革新

★今回のテーマ
国際金融の歴史（金融危機の発生・金融制度の進展）

1637年　チューリップ・バブル事件

中央アジア原産でオスマン・トルコ領内で栽培されていたチューリップが欧州に持ち込まれたのは16世紀である。オランダでチューリップの球根取引に投機家が参入するようになったのは1634年頃だと言われている。当時は貴重な突然変異種と信じられていた花弁のブレーキング現象が起きたチューリップが高値で取引されるようになった。当初は現物取引だけであったが、後には球根を書面で転売する先物取引の手法が生み出され、取引場所として居酒屋が選定されたり、担保として貨幣以外で換金性のある様々な物品が選ばれたりと、利便性が高いが投機性も高い取引手法に変わってゆく。しかし、市場がオランダ国内のみという狭い市場であったこともあり、やがてチューリップ取引市場自体が飽和状態となり、取引価格が突然暴落することによって結末を迎えた。

1720年　サウスシー・バブル事件（南海泡沫事件）

1701年から13年間にわたりスペイン王位継承戦争が起きた。この戦争には欧州各国が参戦したが、特に英国（開戦当初はイングランド王国）は多額の戦費を要し、財政難に陥った。この公的債務を整理し、財政を立て直すために政府が設立したのが南海会社である。南海会社の事業内容は、欧州と南米間を往復して独占貿易で利益を上げるというものであったが、この本業ではあまり収益が上がらなかった。苦慮した同社は試験的に国民向けに富くじを発行したが、この富くじ販売事業が大当たりとなり、一気に収益を押し上げる柱へと成長した。収益増による南海会社の株式価値が上昇し、これを機に株の投機ブームが起きた。投機ブームにより、その他の会社の株式も高騰した。その上昇スピードは早く、1720年1月から半年後の6月には株価が10倍になるほどであったと言われている。非合法な会社までが勝手に株式を発行する状態となり、これを憂慮した英国政府がバブル禁止法（泡沫会社禁止法）を制定して、投機ブームを一気に沈静化させた。多くの会社が消滅して株価が暴落し、多数の破産者や自殺者が出る結果となった。

1907年　米国金融恐慌

1907年当時は米国では金融関連会社が乱立する一方、金融手法も今日ほど管理されていなかったので、株の買い占めや空売りによる市場誘導などが度々見られた。A. ハインツとO. ハインツの兄弟はユナイテッド・コッパー社の株買い占めを企てていた。C. モースは銀行家で、国立銀行や州立銀行、信託会社、保険会社などを次々に買収して支配下に置こうとしていた。ハインツ兄弟とモースは協力してユナイテッド・コッパー社の株価を釣り上げて売り抜けようとしたが失敗し、大きな損失を出した。ユナイテッド・コッパー社の株価は暴落し、彼らに関与していた会社も営業停止などに追い込まれた。ニッカーボッカー信託会社を主催していたC.T. バーニーはハインツ兄弟やモースと親交があったが、それが世間に知られると、ニッカーボッカー信託会社との取引を停止する会社も出て、預金者による取り付け騒ぎが発生し、営業停止に追い込まれた。この騒ぎが金融界全体に広がり、銀行、信託会社、仲介業者などへと破綻が連鎖した。金融恐慌へと発展した騒動を見てJPモルガン商会のJ. モルガンは、資金提供策をまとめて市場の沈静化に努力した。その後、閉鎖寸前のニューヨーク証券取引所や破産寸前のニューヨーク市なども救った。金融恐慌を鎮めたJ. モルガンは称賛されたが、他方で、個人であるJ. モルガンの力の影響力の大きさを懸念する声も関係者より聞かれた。実際のところ、欧州各国は通貨の供給量を管理・調整する中央銀行を持っていたが、未だ米国には中央銀行に当たる機関が存在していなかった。そこで、1913年に連邦議会を通過した法案にウッドロウ・ウィルソン大統領が署名して連邦準備制度（FRS: Federal Reserve System）が誕生した。連邦準備制度は米国の主要都市（12地区）に置かれた複数の連邦準備銀行から成る組織である。これらを統括するのが首都ワシントンD.C.に置かれたFRB（連邦準備制度理事会）の役目である。
　　　　　　　＊連邦準備制度（FRS）が発足
　　　　　　　＊FRB（連邦準備制度理事会）の創設

1929 年　米国株価大暴落と世界恐慌の発生
　　　　　＊1929 年 10 月 24 日（木曜日）Black Thursday（暗黒の木曜日事件）
　　　　　＊1939 年〜45 年　第二次世界大戦
　　　　→世界貿易と国際的な金融制度は崩壊した
第 1 次世界大戦の結果、欧州諸国が疲弊し、新興国としての米国に大量の資金が流れ込んだ。成長著しい新興国米国に欧州から必要以上の資金が流れ込んだ結果、米国金融界の中心であるニューヨーク証券取引所の株価が極大化を生じ、多くの投資家は確実に株価が上昇すると信じて借金をしてまで株式投資に走った。多くの投資家が株の上昇を信じていた局面で、突如、市場が反転を始めた。パニックに陥った投資家は一気に株を売却しようと動き、1929 年 10 月 24 日（木曜日）の Black Thursday（暗黒の木曜日事件）を引き起こした。この暗黒の木曜日事件（10/24）の数日後、さらに大きく株価が下がる事件が起き＝「悲劇の火曜日」（10 月 29 日）、これにより、株価が暴落、世界的な金融・経済不安に発展した。米国では経営が破綻する企業が増え、個人も多くの借金を抱えて破産する者が増えた結果、米国の国内経済に混乱が生じた。米国は国内経済を保護するために、外国からの輸入に高い関税をかけて、自国産業を守ろうとした。輸入品に高い関税をかける目的で成立した法律を、提案した 2 人の議員の名前を取って「スムート＝ホーレー法」と呼ぶ。米国への輸出が事実上出来なくなった他の国も、自国経済の保護を目的とした高関税政策に転換。世界的に保護主義の風潮が高まり、ブロック経済化を進めた。これにより、急速に世界貿易は収縮し、この時期「世界貿易は死んだ」とまで言われた。各国が自国経済圏の生き残りを最優先とする極端な保護貿易化を進めたので、世界的な大不況である「世界大恐慌」へと突入する事態を引き起こした。

1944 年　ブレトン・ウッズ協定
　●IMF（国際通貨基金）…経済状態が悪化した国に短期的に資金を融資
　●世界銀行（国際復興開発銀行）…長期的な開発に必要な資金を融資

```
ブレトン・ウッズ協定を背景とする自由貿易体制
　　世界銀行（国際復興開発銀行）
　　　　融資を行うことを主眼とした組織
　　国際通貨基金（IMF）
　　　　為替の変動によって世界経済が不安定になった場合に、再生プログラムを
　　　　構築
　＊国際貿易機関（ITO）　　←創設に失敗
```

　　　→多額の「金」が米国に
第二次世界大戦で各国に輸出品を供給した米国に、各国からの支払い分として多額の「金」が集まっていた。（世界の金の 60％が米国にあった。）
　　　→米ドルを仲介として国際的な金本位制
米ドルを金兌換通貨として、米ドルの信頼を高め、各国は貿易の決算を米ドルで行うようになった。（＊金 1 オンス〈約 31g〉＝35 ドル）
また、米ドルとの交換レートを固定し、各国の経済を安定化させた。

1971 年　ニクソン・ショック
戦後復興を遂げた各国が、多くの商品を作り、大消費地としての米国の輸入が急増し、米国の経済的な体力が弱っていった。
耐えきれなくなった米国はニクソン大統領が「今後、米ドルと金との交換には応じない」と宣言した。
　　　→戦後の国際通貨体制の崩壊
　　　→各国通貨は変動為替相場制に移行（73 年から）＝これ以降、各国通貨が投資対象となる

1973 年　第一次オイルショック
1973 年 10 月に第四次中東戦争が勃発。
石油輸出国機構（OPEC）6 カ国は原油価格を約 20％引き上げ。
　　　→先進国を中心とする高インフレ時代に突入した

1978年　第二次オイルショック
イランでは1978年にパーレビ王朝に対する革命が勃発し石油生産が中断。
日本を初めとする先進国で省エネ化が進んだ

1985年　プラザ合意
ドル高による貿易赤字に悩む米国が、G5諸国と共に為替取引に協調介入した。
急激な円高が進行（1ドル＝240円→1年後には1ドル120円にまで急伸。）
日本円の過剰流動性が生まれ日本経済のバブル化を生じさせる原因となった。

1987年　ブラック・マンデー事件（暗黒の月曜日事件）
1987年10月19日月曜日に米国ニューヨークで起きた史上最大規模の世界的株価の暴落。ニューヨーク株式市場の暴落を発端に、アジア市場→ヨーロッパ市場へとつながり世界同時株安となった。この時のNYダウ30種の下落率は22.6％（508ドル）であり、1929年の暗黒の木曜日事件の下落率12.8％を上回った。危機を増大した原因とされたのは、証券会社のいわゆる自動損切りシステムである。これは株価があらかじめ設定された一定額以上に下がると、損失を拡大させない為に株売却の自動売買を成立させるシステムのことで、これによって株価が下げ止まらなくなった。

1997年　アジア通貨危機
当時の東南アジア諸国の多くはドルペッグ制を採っており、為替レート安定や高金利と引き換えに慢性的な経常赤字となっていた。これがヘッジファンドなどに狙い撃ちされて、タイを中心に始まったアジア各国の急激な通貨下落（減価）現象である。この現象は東アジア、東南アジアの各国経済に大きな悪影響を及ぼした。特に、インドネシア、韓国はその経済に大きな打撃を受けた。この経済的混乱はアジア地域に留まらず、ロシア財政危機、ブラジル危機を引き起こす要因となった。

1998年　LTCMの破綻
LTCM（The Long-Term Capital Management）は米国の投資会社の一つであった。同社は著名な投資家により設立され、資金の運用は高度な数学および金融工学を用いて行われるのみならず、経営役員にノーベル経済学賞の受賞者2名（M.ショールズとR.マートン）が加わっていたことから、失敗することのない投資会社として知られていた。ところが、97年のアジア通貨危機が翌年の98年にはロシアに飛び火し、通貨ルーブルが大幅下落する事態となった。しかし、LTCMの判断はロシアが債務不履行を起こす可能性は100万年に1回程度だと計算し、早急にロシア危機が収まるはずだと予想した。現実には、ロシアからの資金流出が収まらず、LTCMが破綻状態に陥った。この事件は理論に裏打ちされた収益モデルが必ずしも現実に適合するとは限らないことを示唆した。

2000年　ITバブル崩壊
1995年前後から米国市場を中心に起こったインターネット関連企業の発展と、それに対する過大評価が起こしたネットバブルが株価の高騰を招いた。
株価の急落によって一大ブームが終わったのがITバブルの崩壊と呼ばれる。株価の崩壊とは裏腹に、世界的にはさらに情報通信技術が進展し、経済の効率化、アウトソーシング化、グローバル化が急速に進んだ。インフレなき経済成長＝「ニューエコノミー」の時代に入ったと主張された。

2001年　アメリカ同時多発テロ事件
2001年9月11日、米国のニューヨークおよび首都のワシントンD.C.で起きた同時多発テロのことである。金融の中心地であったニューヨークがテロに遭ったことで、物流に支障をきたし、世界的な不況をもたらした。米国では国内経済を立て直すため、金融緩和や減税政策を進め、不動産価格を上昇させることで国内消費を活発にしようとした。後のリーマンショックに繋がる原因となる。

2007年　米国サブプライムローン問題 〜 ２００８年　リーマンショック(世界金融危機)
この事件の発端は、特に米国における住宅価格の上昇に伴い、「信用度の低い層」（サブプライム層）が住宅ローンを組む場合にも、信用度を軽視して貸し付けたことにある。金融機関が信用度を軽視できたのは、サブプライムローンを貸付債権として金融商品化（＝証券化・分割）し、さらに複数の金融商品に構成要素の一つとして分散して組み入れたからである。2006年から米国内の不動産価格が徐々に下がり始めて問題を内在化していたが、実際には

2007 年 6 月に米国大手証券会社傘下のヘッジファンドが多額の損失を出して事件が顕在化した。2008 年 3 月にベアー・スターンズが破綻、9 月に米国政府は金融機関の住宅ローン債権を保証するファニーメイ（Fannie Mae）とフレディ・マック（Freddie Mac）が破綻して国有化、さらに損害保険を提供する AIG 保険会社が破綻しそうになったので、これを救うために逆に大手証券会社であるリーマン・ブラザーズを積極的に破綻させたことで米国金融界の危機が可視化され世界的な信用不安へとつながった。これ以後、金融商品に値段がつかなくなったことで世界的な金融危機となった。FRB 議長であった B.バーナンキが金融恐慌研究の専門家であったことが奏功して、米国はすぐさま政策金利を 0 ～ 0.25％に引き下げて事実上のゼロ金利政策に移行した上で大胆な量的金融緩和（QE: Quantitative Easing）を果敢に行った。米国の QE は 2009 年 3 月から 2012 年 9 月にかけて計 3 回行われ、総額 2 兆 4,400 億ドルもの資金を市場に供給した。

2010 年　BIS（国際決済銀行）によるバーゼルⅢ規制
リーマンショック以後に発生した世界金融危機を再び起こさせないようにするため、スイスのバーゼルに本拠を置く国際決済銀行（BIS: Bank for International Settlements）が銀行に対して課す規制をバーゼル合意または BIS 規制と呼ぶ。2010 年には BIS 規制を改正したバーゼルⅢを発表し、金融クラッシュを未然に防ぐ方策を探った。その結果、銀行は自己資本比率が 8％ を下回らないようにすることはもちろん、大き過ぎて潰せない銀行グループ（G-SIBs）への監督・規制を強化する内容であった。その要点は、巨額な資金流出にも耐えられるだけの換金可能な資産を充分に維持することと年間の調達額を一定水準に保つようにすることである。

2011 年　ユーロ危機
EU おける統一通貨ユーロを採用している国は 17 カ国あるが、ユーロの発行は EU の中央銀行である ECB が行っている。つまり、通貨の流通量やその金利を決める金融政策は ECB が行い、財政政策は各国政府が独自に行うという形で運営されている。その結果、財政が赤字の国はユーロ建で国債を発行出来るので、いくらでも債務を膨らませることが出来るようになった。これが現実の問題となって表面化したのが、ギリシャ国債、イタリア国債、スペイン国債問題へと繋がる国債や国家財政に関連する信用不安である。

2015 年　チャイナ・ブラックマンデー事件
2015 年の 7 月から 8 月にかけて中国の金融市場が大幅な下落を見せ、これに連れて世界中の株式・債券・外国為替の各市場が大幅な変動に見舞われた。まず、中国の株式市場を代表する上海総合株価指数（主に国内の投資家を対象とする上海 A 株の株価指数）が大幅に下落し、中国当局が梃入れしたにも拘らず下げ止まらなかった。また、安定して上昇を続けていると見られていた中国人民元の外国為替相場についても、8 月 11 日に中央銀行である中国人民銀行が突如として事実上の切り下げを行うという事態が生じた。中国元は上昇するものという金融市場の信頼感が崩れ、為替市場で一気に急激な中国人民元売りの市場圧力が生じた。この一連の変動により金融危機が世界市場に波及した。

2020 年　新型コロナ禍世界経済危機
2020 年 1 月に中華人民共和国湖北省武漢市に端を発した新型肺炎コロナウィルス感染症（ウィルス名：SARS-CoV-2、これによる感染症名：COVID-19）が世界に蔓延した。欧州ではイタリア、スペイン、フランス、英国などで急激に感染者が増え、次に、当初は少なかったはずの北米でも感染者が急増するという事態に見舞われた。日本でも 1 月 16 日に武漢市に渡航歴のある者が初感染し、以後は世界各地でロックダウンと呼ばれる都市封鎖を行う事態となった。日本では 4 月 7 日に政府が緊急事態宣言を発令し、国民相互の接触機会を 7 ～ 8 割削減する自粛要請を行った。これによって、各国では経済活動における需要が大幅に減少し、飲食店などのサービス業を中心とした経済活動の減少が顕著となった。2 月には米国 NY 株は 2 万 9,000 ドルを超えていたが、コロナ禍が顕著となった 4 月には一気に 2 万ドルを割り込み、1 万 8,000 ドル台にまで落ち込んだ。日本の日経平均株価も 1 月には 2 万 4,000 円台であった株価が 3 月には 1 万 6,000 円台にまで落ち込み、景気の急激な減少に身構えた。各国は財政出動を行なって需要減退を補おうとした。2020 年 12 月までの失業者数が 1000 万人を超えた米国では、トランプ政権で総額 4 兆ドルの財政出動を行い、バイデン政権も 2021 年 1 月に大統領に就任すると直ちに 1.9 兆ドル規模の財政出動案を発表した。日本では、2020 年初頭から 2021 年までに第 1 次、第 2 次および第 3 次補正予算を組んで財政出動を行い、計 100 兆円が市場に供給された。

★今回のテーマ
自由貿易体制

1944年
ブレトン・ウッズ体制の発足

世界銀行（国際復興開発銀行）

融資を行うことを主眼とした組織

国際通貨基金（IMF）

為替の変動によって世界経済が不安定になった場合に、再生プログラムを構築

＊国際貿易機関（ITO）　←創設に失敗

実物経済取引を監視する役割を持つ

1947年
GATT条約の成立

実物の自由貿易に関する条約

ITOの創設は失敗したが、米国政府は、関税交渉の必要性を認め、23カ国が参加して、1947年に関税交渉が行われた。
合意内容は、
(1) 自由貿易体制の確保
(2) 参加国に平等に適用されるべき関税率
(3) 輸入数量制限の原則的禁止
などであった。

→　その結果として、条約「関税および貿易に関する一般協定」が締結された。
（GATT: The General Agreement on Tariffs and Trade）

ガットの基本原則

無差別
最恵国待遇：輸入品を相互に平等に扱う
内国民待遇：輸入品と国産品とを平等に扱う

数量制限の禁止
輸入数量をゼロにすることはもちろん、輸入数量割当なども許されない。
国内産業保護手段としては関税しか認めず、しかもその関税も、多角的関税交渉（ラウンド）を通じて、できるだけ引き下げる。

公正な競争の確保
公正な競争を保障するために、補助金やダンピング（不当輸出廉売）などを規制。

1971年
ニクソン・ショック

米ドルの金兌換制を廃止

その後、各国通貨が変動相場制に移行

1995 年

<u>WTO（世界貿易機関）の発足</u>

1994 年に条約：マラケシュ協定（WTO 協定）を締結。

1995 年 1 月の WTO（世界貿易機関：World Trade Organization）創設へと発展する。

> 1986 〜 1994 年の 8 年にも及ぶウルグアイ・ラウンド交渉により、下記が話し合われ、
> 　（1）サービス貿易進展への対処
> 　（2）知的財産権の重要性についての認識を強化
> 　（3）企業の多国籍化に伴う諸問題
> 　（4）国際機関創設の必要性
> GATT 条約を基調としながらも WTO の任務に加えられた。

1997 年

アジア通貨危機

通貨危機以後、特にアジア各国は外貨準備資金を国内に溜め込み、その資金を金融資産として米国の証券に投資＝国際的なマネーの流動性が高まる

　タイを中心に始まったアジア各国の急激な通貨下落（減価）現象である。この現象は東アジア、東南アジアの各国経済に大きな悪影響を及ぼした。特に、インドネシア、韓国はその経済に大きな打撃を受けた。<u>この経済的混乱はアジア地域に留まらず、ロシア財政危機、ブラジル危機を引き起こす要因となった。</u>

　　　→ヘッジファンドなどの短期投機家が注目されるようになった

2000 年代

ヨーロッパにおける EU の拡大

北米における NAFTA の締結

　　　→各地で FTA（自由貿易圏）条約の締結が進んでいる

　　　＝各地で <u>FTA</u> が進展することは、<u>WTO</u> を補完する機能を持つ

　　　　（二国間協定）　　→　　（多国間協定）

2008 年以降

米国同時多発テロ事件が発生し、経済立て直しのために金融緩和策を採り始める

　　　　　　　　　　〜 2008 年に金融危機が起き、金融緩和は終結

ASEAN10 カ国内での経済協力の進展

日本とフィリピン、インドネシア等との人材派遣の合意

東アジア共同体構想（ASEAN ＋日中韓）

米国主導の TPP 協定構想

金融危機による G8 → G20 体制

各国の財政悪化に伴うユーロ危機

金融危機後に環境関連産業への投資加速

日本のアジア太平洋 TPP 協定への参加問題

　　＊注目点：日本の農業改革、医療分野の改革、マスコミの改革

★今回のテーマ
TPP 自由貿易圏

A．TPPとは？

　TPP とは、Trans Pacific Partnership（環太平洋経済連携協定）のことであり、関税自由化率が 95％＋知的財産権や投資ルールなども定めた 21 世紀型自由貿易協定である。参加国は 12 か国（日本、米国、カナダ、メキシコ、オーストラリア、ニュージーランド、チリ、ペルー、マレーシア、シンガポール、ベトナム、ブルネイ）で、世界 GDP の約 4 割（12 か国計 28 兆ドル）を占める貿易圏となり、域内の人口は約 8 億人に達する。

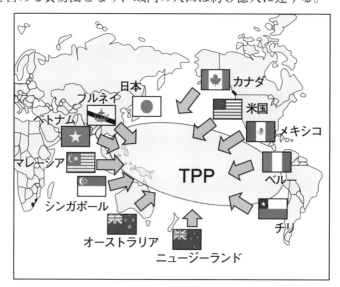

B．TPP のポイント

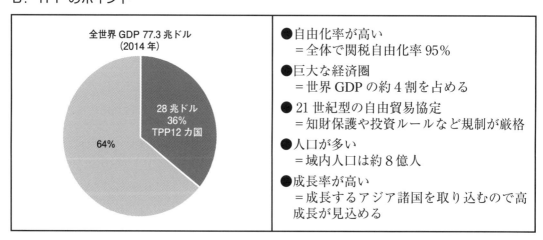

全世界 GDP 77.3 兆ドル
（2014 年）

28 兆ドル
36％
TPP12 カ国

64％

●自由化率が高い
　＝全体で関税自由化率 95％

●巨大な経済圏
　＝世界 GDP の約 4 割を占める

● 21 世紀型の自由貿易協定
　＝知財保護や投資ルールなど規制が厳格

●人口が多い
　＝域内人口は約 8 億人

●成長率が高い
　＝成長するアジア諸国を取り込むので高成長が見込める

＊トランプ政権下で米国は参加を保留

＊英国は EU 離脱後に TPP に参加表明

C．他の貿易圏と比較

AEC
ASEAN 経済共同体（ブルネイ、カンボジア、インドネシア、ラオス、マレーシア、ミャンマー、フィリピン、シンガポール、タイ、ベトナム）
　　= 人口 6 億 2000 万人、GDP2 兆 4000 億ドル

RCEP
東アジア地域包括的経済連携（日本、中国、韓国、インド、オーストラリア、ニュージーランド、ASEAN）
＊未締結

NAFTA
北米自由貿易協定（米国、カナダ、メキシコ）
　　= 人口 4 億 5000 万人、GDP17 兆 2000 億ドル

EU
欧州連合（28 か国、うちユーロ加盟 19 か国）
　　= 人口 5 億 1800 万人、GDP16 兆ドル

ユーロ加盟国
EU 加盟国のうちユーロにも加盟している国は 19 カ国で、ユーロ圏は人口 3 億 2600 万人となっている。

ユーロ加盟主要国

ユーロ加盟国	旧通貨名	人　口
オーストリア	シリング	831万人
ベルギー	フラン	1067万人
キプロス	ポンド	77万人
エストニア	クローン	134万人
フィンランド	マルッカ	529万人
フランス	フラン	6339万人
ドイツ	マルク	8132万人
ギリシャ	ドラクマ	1112万人
アイルランド	ポンド	424万人
イタリア	リラ	6002万人
ルクセンブルク	フラン	48万人
マルタ	リラ	40万人
オランダ	ギルダー	1647万人
ポルトガル	エスクード	1060万人
スロバキア	コルナ	539万人
スロベニア	トラール	201万人
スペイン	ペセタ	4511万人

RCEP が 2020 年 11 月 15 日に合意・署名された

RCEP（Regional Comprehensive Economic Partnership Agreement）の正式な日本語名称は「地域的な包括的経済連携」

　　　［特　徴］
　　・15 カ国が署名
　　・中国が加盟
　　・世界人口の 3 割が含まれる
　　・インドは署名を見送り
　　・内容は農林水産品や工業製品の関税の撤廃や引き下げ、輸出入手続きの簡素化など

★今回のテーマ
為替の変動相場制

A．通貨の機能

（1）交　　換＝交換媒体として

（2）保　　存＝貯蓄用として

（3）価値基準＝物の価値を図る基準として

B．金本位制

　金本位制は金そのものの価値を背景として貨幣を流通させるものであり、金本位制には大きく分けると2種類ある。一つが金貨本位制であり、これは金そのものを硬貨として鋳造し流通させる。古くは現在のように紙幣や硬貨の額面によって通貨の価値を決めるのではなく、金や銀などの希少金属が含まれている量によって貨幣の価値を決めており、発行者や額面とは関係なく、貨幣そのものが価値を持っていた。19世紀初頭に英国が始めた金貨の流通が正式な意味での金貨本位制の基礎となり、他の欧州諸国がこれに追随した。当時は金貨本位制が通貨制度の基本であった。しかし、その短所は、貨幣そのものに重量があるために、持ち運びに不便であることと、貨幣の発行量が物理的に制約されてしまうことにある。現在でもオーストリアやカナダのように積極的に金貨を発行している国もあるが、その目的は流通ではなく貯蓄用である。金本位制のもう一つの形が金地金本位制であり、これはその国が所有する金地金の量を根拠として中央銀行が金の兌換紙幣を発行するという方法を採る。典型的な例が、第二次世界大戦後に発足したブレトン・ウッズ体制下における米ドルである。第二次世界大戦に国土がほぼ無傷で勝ち残った当時の米国は世界の金の半分以上を保有しており、その豊富な金の保有力を背景として米ドル紙幣と金の交換比率を固定した。固定比率は1toz（1トロイオンス＝約31g）が＝＄35である。（＊当時の円ドル固定為替相場の下では日本円¥12,600に相当する。）ブレトン・ウッズ体制下ではこれと併せて各国通貨と米ドルとが固定相場制と定められ、間接的に金本位制の中にあった。現在の金価格が1toz＝＄1,200前後であるから（＊現在、日本円では1toz＝¥140,000程度で購入出来る）、米ドルと金との交換比率を固定のまま現在まで維持することは到底不可能であったことが分かる。60年代になると、戦後復興によるドイツ・マルクや日本円の価値が高まり、市場では固定相場を無視した交換レートでマルクや円への両替が始まっていた。また、米国自身も経済や財政の規模が増大し、保有する金の量だけでは、拡大を続ける経済、財政、貿易に対応することが難しくなっていた。1971年8月に米国大統領が一方的に金との交換停止を宣言し、金本位制が廃止された。かの有名なニクソン・ショックである。その後、しばらくは各国は米ドル中心の固定相場制を維持しようと試みるが、金の裏付けを失った米ドルの価値を維持することは難しく、1973年までには変動相場制に移行し、それ以後、為替レートは市場が決める方法が定着することとなった。

C．購買力平価

　為替相場の動向により最も影響を受けるのは国際取引であるが、逆に為替相場が貿易数量や価格の増減によって決まっているわけではない。為替相場を決めている重要な要因は貿易ではなく購買力平価である。購買力とは通貨の購買力を指し、同じ商品やサービスの価格はどの国においても同一の価格に決まる方向に動くはずであり、結果として通貨は同一価格になる方向で為替レートが決まるはずであるという考え方である。したがって、国内の価格がインフレによって上昇すれば、通貨の価値が下落するので為替レートは下がり、その反対にデフレによって商品価格下落すれば、通貨の価値は上がるので、為替レートが上がることになる。この理論を使えば、例えば日本ではデフレが進行しているので、通貨である円は高くなる傾向にあり、中国では逆に通貨規制をして中国元を低く抑えているので、インフレがますます進行するという関係になる。短期的な為替変動は購買力平価では説明出来ないが、長期的には為替は購買力平価によって決まるとされている。

D．変動相場制の下での通貨

　金本位制を廃止し、各国の通貨の為替レートが変動するようになり、一体、何が変化したのかと言えば、まず、通貨の機能である価値基準が変動する結果となり、貿易における為替差益や為替差損が発生するようになった。これにより、国際取引を行う事業は収益が不安定となり、経済変動を増幅する要因の一つになった。また、通貨の価値が変動するということは、通貨そのものに投資・投機すれば、そこから収益が上がるということを意味する。つまり、通貨が金融商品の一つとして投機対象となっていることが掲げられる。近年、為替レートの変動幅が増幅される傾向にあるのはこの要因が大きい。すわなち、現在の通貨は短期的には購買力平価によってではなく、投資妙味のある通貨への投機によって為替が動くのである。その結果として、貿易よりも現地生産の方が為替リスクを受ける影響が少ないので、現地生産方式を後押しする要因ともなっている。一方、統一通貨ユーロを採用しているEU諸国は為替リスクを避けることが出来、特に産業力の強いドイツがその恩恵を最も受けている。ただし、ユーロは加盟国の財政については統一的な政策を持たないので、産業力の弱い国が国債を乱発して、ユーロ危機に陥った。今日の米ドルが基軸通貨と言えるのかという問いがしばしば開かれる。変動相場制に移行した後は、本来の意味で言えば、米ドルは基軸通貨ではなくなった。しかし、国際取引の主要な決済通貨が米ドルであることのほかに、特に石油産油国との間で石油取引を米ドルで行うという暗黙の了解があり、米ドルが決済通貨として使用されていることが米ドルの信用力を維持し、事実上の基軸通貨として君臨している。今後は石油そのものの産油量や地球温暖化の問題から、世界経済が石油に頼る度合いが少しずつ減少して行くことが予想されるので、米ドルの信用力が落ちるのは必定であるように思われるが、どうであろうか。米国は依然として軍事力だけでなく農業力および産業創造力の高い国である。また、近年、米大陸に非在来型ガスであるシェールガスが大量に眠ることが判明し、比較的安価に採掘出来る技術も発明された。したがって、米連邦政府が米ドルを容認出来ないほど大量に発行しない限り、これに代替する通貨はなく、米ドルが基軸通貨であり続ける可能性の方が高いと考えられる。

★今回のテーマ
カネ余り現象と金融商品

A．投資対象

　株式、債券（国債・地方債や社債）、商品（原油、金・プラチナ、銅・アルミなどの金属、穀物・食料など）だけでなく、変動相場制の下で通貨自体も投資対象となる。

　　　　→それらの市場取引（実物取引）を元に各種の金融商品を生み出してきた
　　　　→本来、先物取引は実物取引のリスク管理のために生み出されてきたが
　　　　　　　　　（歴史的には江戸時代の米相場）
　　　　→変動相場制の元で、各国通貨自体が投資対象となっている。

B．先物取引や信用取引によるマネーの膨張

（1）先物取引

　　　オプション取引＝現物の商品価格をリスクヘッジするために生まれた
　　　　→徐々に、現物の取引ではなく予測に基づく先読み投資に

（2）信用取引

　　　証拠金（実際のお金）の何倍もの金額（見せかけのマネー）を投資できる。
　　　　スワップの拡大（＋信用保険の拡大）
　　　　レバレッジの拡大

（3）IT技術と運用成績による歩合給

　　　90年代からの変化

　→信用取引（証拠金取引）と先物取引の進展によって、実体以上のマネーが瞬時に投資されたり引き上げられるようになる。

C．世界的な連動性の進展

（1）資産管理のリスク分散

　　　・投資信託
　　　　　　機関投資家と個人投資家
　　　　　　複数の株式・債券への投資
　　　・ヘッジファンドの存在
　　　　　　運用先は特定せず、機敏に投資対象を選定する

（2）インデックス指標

　　　インデックス指標を投資対象に

(3) 為替のキャリー取引

　　金利差の着目したキャリー取引

　　　円キャリー取引→米ドル・キャリー取引

　　　→その結果、マネーの動きが、市場間、金融商品間、短時間の内に増幅されて波
　　及するようになる。

[資料] 金融取引の特徴

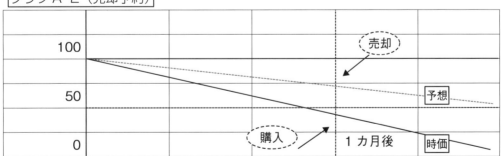

| 現在の金融取引の特徴は予想による資金投入 |

1990 年代の「強いドル」政策

A．米国経済の金融化

　米国の投資銀行（ゴールドマン・サックス）出身のロバート・ルービンが米国財務長官となり、米国の通貨ドルの価値を上昇させる「強いドル」政策を強力に推進した。これにより、94 年のメキシコ通貨危機、97 年のアジア通貨危機、98 年のロシア財政危機を乗り切り、米国への資金集中をもたらした。これにより米国経済を IT・金融中心経済へと転換することに成功した。また、99 年にはグラム・リーチ・ブライリー法（正式には「1999 年金融サービス近代化法」）を制定し、大恐慌以来、厳しく制限されていた銀行業と証券業との垣根を事実上廃止して、商業銀行の持つ多額の資金をリスク資産に投じることを可能とした。

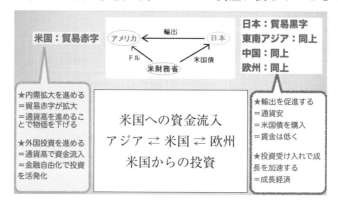

★グラム・リーチ・ブライリー法（Gramm-Leach-Bliley Act）
正式名称は「金融サービス近代化法（Financial Services Modernization Act of 1999）」

この法律は銀行業と証券業を分離することを規制した「1933 年グラス・スティーガル法（1933 年銀行法）」の一部を無効にするための法律であり、同法の成立により、米国では商業銀行、投資銀行（証券会社）、保険会社の統合が事実上許可されることになった。
（＊米国で金融自由化が押し進められた象徴的な法律であり、今日では同法の制定は厳しく批判されている。）

★グラス・スティーガル法（Banking Act of 1933）の内容

銀行・証券の分離	銀行による証券業務の禁止
系列の禁止	銀行が証券会社と系列関係を持つことを禁止
証券会社の規制	証券会社が預金を受け入れることを禁止
取締役の兼任禁止	銀行と証券会社との間で取締役を兼任することを禁止

B．金融手法の進展

■ 株式等を借り入れて空売り等を行う（マージン）
　＝**信用取引**　　＊株式の空売り、ショートポジション
■ 実物取引から切り離した先物取引
　＝**デリバティブ**　　＊日経 225 先物、商品先物取引
■ デリバティブ（先物取引）の一種
　＝**オプション取引**
■ リスクがある金融商品に信用保険をかける
　＝**スワップ取引**
■ 投資金額を何倍かに膨らませる差金決済取引（CFD）
　＝**レバレッジ**　　＊外国証拠金取引 FX
■ 通貨を道具として使う
　＝**キャリー取引**　　＊円キャリートレード

| 債権の証券化 | サブプライムローンの極大化 | リスク資産への保険付与 | 信用格付機関への過信 |

2008 年世界金融危機の後遺症

通貨危機

不良債権の拡大

ユーロ危機（2011 年～）

EU における統一通貨ユーロを採用している国は 17 カ国あるが、ユーロの発行は EU の中央銀行である ECB が行っている。つまり、通貨の流通量やその金利を決める金融政策は ECB が行い、財政政策は各国政府が独自に行うという形で運営されている。その結果、財政が赤字の国はユーロ建で国債を発行出来るので、いくらでも債務を膨らませることが出来るようになった。これが現実の問題となって表面化したのが、ギリシャ国債、イタリア国債、スペイン国債問題へと繋がる国債や国家財政に関連する信用不安である。

チャイナ・ブラックマンデー（2015 年～）

2008 年リーマンショック後に中国では 4 兆元もの景気対策投資を行った。結果的に住宅、鉄鋼、セメントなどの業界分野で供給過剰に陥った。2010 年頃より不動産バブルの発生→理財商品・シャドーバンキング問題へと不良債権の滞留先を変え、現在では鉄鋼や石油化学分野、自動車業界でも供給過剰に陥り、各所に不良債権が堆積しつつある。しかし、この不良債権を解消するのは容易ではない。中国では国内総生産（GDP）の約半分が固定資産投資によって成り立っており、不良債権を解消しようとすれば、大幅な GDP の低下を招く事態を引き起こすからである。成長神話の崩壊は政治・社会不安を一気に現実化させる怖れがあり、抜本的な改革を行うことが出来ない現状にある。

★今回のテーマ
世界的金融危機の発生

A．歴史的経緯

　米国では、1929 年の NY 株価暴落とそれに続く世界大恐慌以来、銀行業務と証券業務を明確に分別し、金融界での混乱が起きないように規制していた。これが有名な 1933 年制定のグラス・スティーガル法（「Glass Steagall Act」：正式には「The Banking Act of 1933」）である。その主要な目的は、銀行が証券を引き受けたり、株式の売買を行うことによって生じるリスクを避け、預金者の保護や銀行経営の健全性を保つことにあった。しかし、1970 年代以降、多様な金融商品やサービスが次々と考えだされ、1990 年代までには事実上、形骸化していた。

各年代におけるポイント	
80 年代	日本の高度成長が最高潮に達する。反面、米国経済の苦境が強くなる。70 年代からの米国の成長戦略が頭打ちになる。 米国の年金基金が増大を求めて金融界に流入（＝大量の資金が金融界に流れ込むようになった）。
80 年代末〜90 年代	冷戦の終結により、軍事産業に従事していた優秀なエンジニアが大量に金融界に流入。→金融工学 投資リスクの分散化を可能にした。
90 年代	金融界における利益報酬主義の採用。 投資銀行による証券市場への投資が活発化。 ＊1999 年の金融制度改革法（「グラム・リーチ・ブライリー法」）により銀行と証券の分離条項を完全に廃止。規制緩和された金融機関は、異業種である各種の証券や株式、保険債権など色々な金融派生商品（デリバティブ）を届出さえすれば自由に販売出来るようになった。 新たな金融商品の開発に積極的になる。 IT 革命による金融取引が世界的ネットワークになる。
90 年代以降〜現在まで	ロバート・ルービン財務長官による「強いドル」政策を開始。 金融界の M&A により商業銀行が投資銀行／証券会社を買収し、事実上、商業銀行と投資銀行の境界が無くなる（ヘッジファンドも傘下に）。 アラン・グリーンスパン FRB 議長による「低金利政策」で長期間の金融緩和。→米不動産市場への資金流入 →サブプライム問題→世界金融危機

B．米投資銀行（＝証券会社）の金融危機までのランキングと現状
　　　1．ゴールドマン・サックス（存続）
　　　2．モルガン・スタンレー（存続）
　　　3．メリルリンチ（バンク・オブ・アメリカに吸収）
　　　4．リーマン・ブラザーズ（破綻）
　　　5．ベアースターンズ（破綻し、JP モルガンチェースに吸収）

C．金融界で問題となったポイント
　　　銀行業務と証券などへの投資業務との区分け
　　　先物取引・信用取引の積極化
　　　投資におけるレバレッジの架け過ぎ
　　　為替を利用したキャリー取引

D．米国オバマ政権の政策
　「米国を変える」（We can change. Yes, We can!）ことを標語にして大統領に当選したオバマは、貧困層への福祉政策を厚くし、医療保険改革によって公的健康保険制度を導入した。その一方で、金融を安定化させるためにFRBによる多額のドル資金の供給と金融機関の公的資金による体質保全を図った。しかし、このいずれの政策も米国保守派には評判が悪く、また「Occupy Wall Street」運動に代表されるように米国中間層および若年層にも評判が悪い。その理由の根拠は、公的健康保険制度の導入が米国の自由主義的伝統を破壊し、社会主義的政策を採ったものだという批判と、FRBが米ドルを大量に市場投入したことによって通貨下落を招き、米国人の財産を危機に陥らせているという危惧である。社会主義的であると批判されるオバマ大統領であるが、他方で、ウォールストリートの金融機関を最優先で援助し、金持ちにお金を与え、中間層には職を与えることが出来なかったという不満を残した。皮肉にも、左翼的な大統領によって米国金融機関は救われたのである。

E．ウォール街の標語
　米国の金融界には『金融とは人の営みを守るもの』という格言があるが、金融自由化と伴に、その精神を忘れてしまったのではないか？　もう一度、「金融とは何か？」、「金融は何のためにあるのか？」と考え直す時期に来ているのではないだろうか？

★今回のテーマ
技術力による競争

Ａ．企業力を決定付ける技術力

　長期的なデフレが生じている世界経済において、企業や国・地域の競争力を決定付けるものは何で
あろうか？　一つは資金力である。先進国における中産階級の没落が進んでいる現在の社会において、
共に没落の憂き目を見ているのが企業の姿であろうか？　実は、特に先進国の企業は新興国への直接
投資により最高益を上げ、多額の手持ち資金を積み上げているのである。一体、その資金を何につぎ
込んでいるのかと言えば、これを労働賃金として従業員に分配するのではなく、その多くを技術開発
と新規事業につぎ込んでいるのである。これは企業が従業員を軽視しているのではなく、それだけの
大競争時代を迎えているということが言える。企業は生き残りをかけて現代の競争時代を勝ち残り、
会社を存続・成長させようと必死の努力をしている。新しい技術やサービスを生み出す研究や企画分
野への投資を怠れば、たちまち収益が落ち、企業の存続が危うくなるだろう。したがって、企業や国・
地域の競争力を決定付けるのは技術力やそれを具体化する企画力である。かつて堺屋太一が「知価社
会の到来」を予告したが、まさにその時代が来ているのだと言える。これを無視して、無理に企業に
対して高額の労働賃金を支払わせたり、正社員の雇用を義務付けるような立法をしたり、規制的な政
策を採ったりすれば、その国・地域からは優秀な企業は出て行くことになるであろう。そういう意味
では、日本の通貨である円が高くなることにより、長期的に見て最も被害を受けるのは、実は輸出企
業そのものではなく、日本国内の給与所得者である。円による賃金支払いが高くなれば、その分、企
業の労働分配率が自然に上がり、日本国内での雇用を減らすか、一人当たりの給与を下げるという動
きに繋がる。企業は円高になっても労働分配率を下げるためには海外に事業所を移転すればよい。日
本国内に残す部署は研究開発や製品・サービスの企画を行う部署だけであろう。政策に失敗すれば優
秀な企業が国内に居なくなるというのはこういうことである。

Ｂ．多国籍企業と国家

　競争を阻害する制約や法律、税などは現在の多国籍化した企業にとっては邪魔物でしかない。
2008 年の世界金融危機以降、先進国の多くで政府の左傾化が進んだ。その理由は、金融危機によっ
て業績の落ちた企業が従業員の賃金を低く抑え、場合によってはリストラする必要が出て来たこと
への対抗策である。例えば、2010 年に 140 億ドル（約 1 兆 1200 億円）の利益を上げたとされる米
国大手企業の GE（General Electric Company）が実は米国で法人税を一切支払っていなかったこと
が判明し、米国内で問題となった。一番の原因が米国の高い法人税率＝ 35％ではないかと言われ
ている。世界第 3 位の規模と言われる GE ほどの企業になれば、高い法人税を課す国の所得を減らし、
法人税の低い国や地域に所得を移転することなど簡単である。税率だけではなく、企業活動を阻害
する制度や法律も企業は容認しないであろう。このまま先進国で左傾化の動きが定着すれば、先進
国の多くが中産階級を救うどころか、国や地域全体が地盤沈下する可能性がある。技術やサービス
を磨くのは行政ではなく、民間企業である。民間企業が高付加価値製品を生み出したり、高レベル
のサービスを生み出すための社会作りを進めることが重要な時代が来ている。

［資料］原油価格（米国 WTI）の動向
近年の石油価格の変動

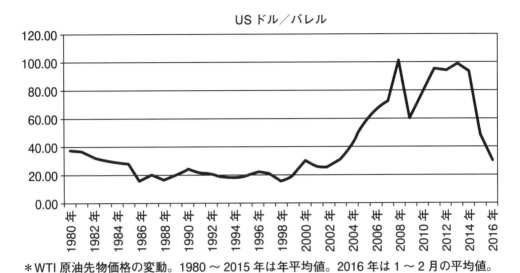

US ドル／バレル

＊WTI 原油先物価格の変動。1980 〜 2015 年は年平均値。2016 年は 1 〜 2 月の平均値。

ポイント：

● 2008 年の平均値は＝ 99.59 ドル
　（2008 年 6 月に最高値＝ 133.93 ドルに達した）

●リーマンショック発生後、2009 年 2 月には 39.15 ドルまで下落

●しかし、2010 年から上昇に転じ、2013 年の平均＝ 97.93 ドルまで回復上昇

● 2015 年より一転して下落し、2016 年 1 〜 2 月の平均は＝ 31.03 ドル

●原油価格の変動は世界的な事件および経済変動を敏感に示唆している

　　その原因は下記 5 点
　　　（1）米国のシェール革命によるガスとオイルの増産
　　　（2）新興国（特に中国）の経済減速
　　　（3）IS（いわゆる「イスラム国」）による石油密売
　　　（4）OPEC による減産の放棄
　　　（5）イラン産原油の輸出が欧米から容認

★今回のテーマ
社債による資金調達

A．社債

（1）社債とは

　社債とは、会社が発行する債券のことであり、債券は額面金額の記載された有価証券の一種である。会社は社債を市場で発行することにより市場から資金を調達することが出来る。

　株式と同様に証券市場で発行され、時価で取引されるが、株式と異なるのは償還期間が決まっており、満期になると額面金額が償還される。

　＊償還までの期間と利率が定められており、投資家には定期的に利払いがされ、満期になると額面金額が償還される。

（2）信用リスク

財務状況悪化による利払いの滞りや、償還が行われない場合がありうる。

（3）近年の発行額の増加

近年は社債の発行額が増えている。

普通社債発行額 (億円)

B．社債の種類

（1）種類（性質による分類）

●普通社債

●劣後債

●転換社債型新株予約権付社債

　「転換社債型新株予約権付社債」は特殊な社債であり、発行企業の株価が一定価格を上回れば債券を株式に転換することが出来る性質を持つ。

（2）額面と発行価額（発行価額による分類）

　下記の3種類がある

●平価発行 額面と同じ額で発行。
●割引発行 額面100円の債券を95円などで発行。投資家は安く買うことが出来、償還時に差額分の利益あり。その分、利率が低い／利払いがないなどがある。企業は償還時に差額を払えばよく、利払いを負わずに済む。
●打歩発行（うちぶ） 額面より高い価額で発行。市場金利＜社債金利…の場合や、転換社債のようにプレミアムが付く場合。

C．社債発行の仕組

（1）事例

　例えば、次のような条件で発行される

例：普通社債（2009年発行）	例：普通社債（2011年発行）
期間2年／利率5.1％／発行額600億円 利払いあり。満期になると額面金額を償還。　→	期間5年／利率1.0％／発行額1000億円 利払いあり。満期になると額面金額を償還。

（2）社債発行のメリット

発行会社にとっての社債発行のメリットは、

（a）銀行融資よりも市場からの借入の方が条件を緩和しやすい。

銀行等の金融機関からの融資では、銀行対企業の一対一の関係であり、銀行から提示される厳しい条件を受け入れざるを得ない場合も多い。社債の場合は引き受け手が複数であり条件設定も柔軟に出来る。

（b）金利を低く設定出来る。

低金利の現在でも銀行等からの借入の場合には年率3〜4％の金利負担となるが、社債であれば期間によっては1％等の低利での資金調達も可能となる。また、借入では定期的に元本と利子の支払いが必要だが、債券は償還までは利払いだけで済むので、手元資金が減少しなくて済む。

（c）財務上の評価が良い。

社債はバランスシート上は「固定負債」となり「流動負債」より財務上の評価は高くなる。

固定負債の方が計画的な資金調達と評価されるために経営の健全度が高いと評価される。

＊固定負債＝長期借入金や退職給与引当金

［資料］社債

社債の発行対象には機関投資家向けと個人投資家向けがあり、以前は機関投資家向けがほとんどであったが、近年は個人向けが増えているのが特徴。また、海外での起債も伸び率は高い。

社債による資金調達を図式化

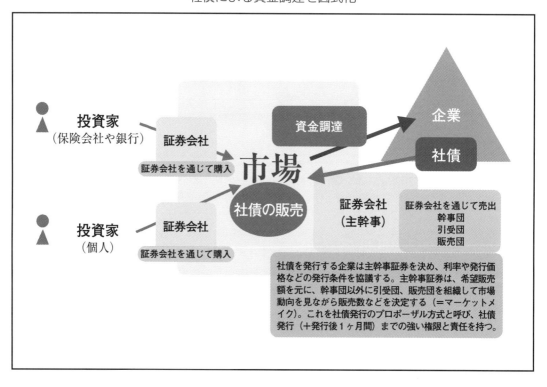

★今回のテーマ
第三の金融 ── ファンドによる資金調達

A．プライベート・エクイティ・ファンドによる資金調達
　PE（Private Equity）ファンドは、別名で「MBO ファンド」とか「企業再生ファンド」、「ベンチャー・キャピタル」などと呼ばれることもあり、中長期的に取締役の派遣を通じた経営への積極的関与も伴う資金調達の方法である。
　近年の資金調達は、かつての銀行融資（＝間接金融と呼ばれる）から、株式の発行や社債の発行などによる証券市場からの直接の資金調達（＝直接金融と呼ばれる）を主流とするようになっている。近年では、これに加えてファンドによる資金調達も用いられるようになって来ており、これを PE ファンドによる資金調達あるいは第三の金融と呼んでいる。PE ファンドの活用は単なる資金調達に留まらず、事業の再生や再編を伴うのが通常であり、有能な取締役や CEO を派遣して事業を立て直して成長させるので「企業再生ファンド」の意味合いを強く持っている。投資資金を個人投資家や機関投資家から集めてファンドにする点ではヘッジファンドに似ているが、その企業の経営に深く関わる点や中長期的な事業戦略を立案して企業を再建させる点で異なる。技術力や商品開発力はあるが金融力や商品販売力に劣る中堅企業にとって特に有効な資金調達方法である。

PE：Private Equity
Private Equity：一般に「未公開株」のことを言う。 ＊ Equity：株式の持分、普通株式の発行

B．資金調達の方法
　投資家から得た資金を投資して、目的とする会社の株式を友好的に取得する（＝ファンドにする）
　　→取締役を派遣して（＝取締役兼 CEO として派遣）中長期的な経営戦略を立てる（＝売上高・コスト・営業利益などの収益計画）。
　　→その際に経営陣にはストック・オプションなどのインセンティブを与える方策を採る。（＊同時に、自己資金も拠出してもらい運命共同体を作り出すなどの仕組みも採用する。）
　　→四半期ごとないしは場合によっては毎月、実績についてチェックする。
　　→必要であれば、関連する他社の追加的な買収や銀行との交渉を行う。
　　→計画通りに業績が上がったら、いずれかの方法により株式を売却し、投資家に配当する。その際の方法には下記のいくつかの方法がある。
　　（1）IPO（上場）する。
　　（2）上場している場合には増資を行う。
　　（3）友好的な第三者へ株式を売却する（＝事業継続出来るような相手の選別が重要）。
　　（4）MBO（＝経営陣への売却）による。
　　→以後、会社は成長軌道に乗り、業績を高めて行く。

★今回のテーマ
国際特許出願

Ａ．世界的な技術に対する国際特許

　特許権は国ごとに登録されている産業財産権であり、ある国で登録された特許が他国でそのまま通用する（＝財産権としての効力を持つ）ことはない。したがって、原則としては、同一の発明について諸外国ごとに同時に特許申請を行わないと国際的な企業活動には支障が生じる。例えば、Ａ国では適法な特許権として権利主張出来る発明技術が、Ｂ国では他社が特許権を取得しているために特許侵害になるような場合である。このような事態を避けるために、工業所有権の保護に関するパリ条約（1883年）は優先権制度を定め、ある国で特許申請を行った者は、同一内容の特許について他国での特許申請については12ヵ月間（商標については6ヵ月間）の優先権が認められるようになっている。現在、厳密な意味での単一手続を採る「国際特許」は存在しないが、一般に国際特許と呼ばれている特許権群がある。これがいわゆるPCT特許であり、一般的に国際特許と言う場合にはPCT特許のことを指す。これは1970年にワシントンで締結された（発効は1978年）特許協力条約（Patent Cooperation Treaty）に基づいて各国で取得される特許権であり、この条約に基づいて国際的に通用する発明を特許申請すると、複数の国に特許出願するのと同じ効果をもつ仕組みになっている。

　PCT条約を利用した特許出願の利点は、他国への特許出願優先権を2年半にすることが出来、しかも、他国で特許を受ける見込みがあるかどうかの判断を国際調査機関がしてくれる制度になっている点にある。これにより各国の特許の調査労力、外国語への翻訳労力、申請手数料などを削減することが出来る。PCT特許はまさに国際的に通用する技術発明の代表であり、この出願件数が一種の世界的技術力の指標として使われている。

Ｂ．世界知的所有権機関

　国際的に知的財産権を保護するために1970年に世界知的所有権機関としてWIPO（World Intellectual Property Organization）が設立されている。WIPOは世界的に知的財産権全般＝産業財産権（工業所有権）や著作権を保護することを目的として設置された国連の専門機関である。（本部はスイスのジュネーブに置かれている。）

Ｃ．WIPOの発表する国際特許出願件数

　WIPOは毎年、PCT特許の出願件数を発表しており、これの上位国や上位企業が国際的な技術競争で優位を占める国・企業であると言うことが出来る。

［資料］国際特許出願

国際特許出願（2010 年）
2011 年 2 月に WIPO は特許協力条約に基づく国際特許出願件数について発表した。

ポイント：
● 2010 年の国際特許出願数＝約 16 万 2900 件
●前年比で 4.8%増

国際特許出願　国別の上位 7 カ国

（1）米国＝ 4 万 4855 件（前年比 -1.7%）
（2）日本＝ 3 万 2156 件（前年比 +7.9%）
（3）ドイツ＝ 1 万 7171 件（前年比 +2.2%）＜上位 3 カ国で出願件数全体の 57.8%を
　占める＞

（4）中国＝ 1 万 2337 件（前年比 +56.2%）
（5）韓国＝9686件（前年比 +20.5%）＜上位 5 カ国で出願件数全体の 71.3% を占める＞

（6）フランス＝ 7193 件（前年比 -0.6%）
（7）英国＝ 4857 件（前年比 -3.7%）

国際特許出願　分野別出願数

（1）デジタル通信（Digital communication）＝ 1 万 581 件
（2）医療技術（Medical technology）＝ 1 万 465 件
（3）コンピュータ技術（Computer technology）＝ 9540 件
（4）電子機器（Electrical machinery, apparatus, energy）＝ 9143 件
（5）医薬品（Pharmaceuticals）＝ 7843 件
（6）測定機（Measurement）＝ 6377 件

2010年　国際特許出願上位企業（上位25社）

2010 RANKING	POSITION CHANGED	APPLICANT'S NAME	COUNTRY OF ORIGIN	PCT APPLICATION PUBLISHED IN 2010	INCREASED OVER 2009
1	0	PANASONIC CORPORATION	Japan	2,154	263
2	20	ZTE CORPORATION	China	1,863	1,346
3	2	QUALCOMM INCORPORATED	United States of America	1,677	397
4	-2	HUAWEI TECHNOLOGIES CO. LTD.	China	1,528	-319
5	-1	KONINKLIJKE PHILIPS ELECTRONICS N.V.	Netherlands	1,435	140
6	-3	ROBERT BOSCH GMBH	Germany	1,301	-287
7	0	LG ELECTRONICS INC.	Republic of Korea	1,298	208
8	2	SHARP KABUSHIKI KAISHA	Japan	1,286	289
9	-3	TELEFONAKTIEBOLAGET LM ERICSSON (PUBL)	Sweden	1,149	-92
10	-2	NEC CORPORATION	Japan	1,106	37
11	-2	TOYOTA JIDOSHA KABUSHIKI KAISHA	Japan	1,095	27
12	-1	SIEMENS AKTIENGESELLSCHAFT	Germany	833	-99
13	0	BASF SE	Germany	818	79
14	5	MITSUBISHI ELECTRIC CORPORATION	Japan	726	157
15	0	NOKIA CORPORATION	Finland	632	-31
16	-2	3M INNOVATIVE PROPERTIES COMPANY	United States of America	586	-102
17	0	SAMSUNG ELECTRONICS CO. LTD.	Republic of Korea	578	-18
18	2	HEWLETT-PACKARD DEVELOPMENT COMPANY, L.P.	United States of America	564	10
19	-7	FUJITSU LIMITED	Japan	476	-341
20	-4	MICROSOFT CORPORATION	United States of America	469	-175
21	2	E.I. DUPONT DE NEMOURS AND COMPANY	United States of America	452	-57
22	5	INTERNATIONAL BUSINESS MACHINES CORPORATION	United States of America	416	15
23	8	MITSUBISHI HEAVY INDUSTRIES, LTD.	Japan	391	18
24	3	CANON KABUSHIKI KAISHA	Japan	379	-22
25	56	HITACHI, LTD.	Japan	373	183

100位以内の企業の国別の内訳	
（1）日本企業＝31社 （2）米国企業＝25社 （3）ドイツ企業＝14社 （4）フランス企業＝8社 （5）韓国企業＝4社 （6）オランダ企業＝4社 （7）中国企業＝3社 （8）スイス企業＝3社 （9）スウェーデン企業＝2社 （10）カナダ企業＝2社 （11）フィンランド企業＝2社 （12）英国企業＝1社 （13）シンガポール企業＝1社	☆特許権数だけでなく、特定の企業や特定の分野に偏ることなく、多くの企業が特許権を取得していることが、企業群の層の厚みを示している。

★今回のテーマ
新型コロナウイルス感染症による社会的影響

Ａ．感染症の蔓延

2020年1月16日に中国湖北省武漢市への滞在歴がある中国籍の者が新型肺炎コロナウイルス（感染症名「COVID-19」）に感染していたことが判明し、日本でのコロナ発病の第1号となった。欧州での調査・研究によれば、2019年夏には既にこの新型コロナウイルスは欧州に入っていたとの報告もあるが、世界的に新型コロナが蔓延し始めたのは20年1月からである。新型コロナの発生原因については諸説あり、未だ解明されていない部分も多いが、国際政治的には中国の責任の有無を中心に議論がされている。発生から約1年後の令和3年（2021年）2月中旬には、世界総計の感染者数が約1億700万例であり、そのうちの死者数は230万例に上っている。（感染者および死者数は国立感染症研究所調べ。）

Ｂ．日本の報道の問題点とPCR検査

これまでは分子遺伝学やウイルス学の研究手法として用いられていたPCR（Polymerase Chain Reaction）は、遺伝子情報のあるDNA（デオキシリボ核酸）の断片を取り出して増幅させ、検査対象がその目的物と一致するか否かを調べる検査方法である。これはRNA（リボ核酸）しか持たないウイルスの診断にも応用できるので、今回の新型コロナウイルス（SARS-CoV-2：RNA型のウイルス）が人の体内に存在するか否かを診断するのに好都合であった。このPCR診断における増幅回数をCt値と呼ぶが、諸外国で基準とされたCt値が35サイクル前後だったのに対し、日本の国立感染症研究所はCt値を45サイクルと高めに設定していた。例えば、Ct値30であればウイルスが1000個以上あれば陽性となり、Ct値40であればウイルスが10個以上あれば陽性と判定される。COVID-19感染症の場合、発症する（感染して発熱等の症状が出る症状）には10万個以上のウイルスが必要とされているので、日本では「感染」ではない単なる「陽性」、すなわち、体内にSARS-CoV-2ウイルスが10個以上存在するだけ（ウイルスが少ないのでその多くは発症しない）の者を「感染者」としてニュースで報道し続けた。PCR検査の科学的な特徴にはほぼ触れることなく、ニュース報道では「感染爆発」、「パンデミック」、「医療崩壊」などの用語を連日用いて、国民の恐怖感を煽り続けた。実際の日本でのコロナ感染者数や重症者・死亡者数は、欧米の諸外国と比べて二桁も異なる事実にはなるべく言及せず、日本でも感染者数が急増しているように見えるグラフを前面に押し出し、速報で感染者数を出す方法によって、今にも社会的パニックが起きそうな報道ぶりであった。

Ｃ．政治的影響

今、国際社会では中国の動向に注目が集まっている。コロナ前とコロナ後で世界は一変したが、コロナ前の世界とは、グローバリゼーションの進展を促進し、グローバルに展開する中国経済に好意的な関心を持つ世界であった。しかし、コロナ後の世界とは、グローバリゼーションの行き詰まりを感じ、グローバル社会を利用してきた中国政府の意図に疑念を持つ世界となった。

2019年より始まった香港の民主化デモは、2020年初頭まで続いた後、ほぼ鎮圧されたが、デモ隊が掲げた五大要求の中には「普通選挙の実施」も含まれていた。97年に実現した英国から中国への香港返還の際に、2047年まで一国二制度を維持するとの約束が盛り込まれ、ここでは香港基本法の尊重だけでなく行政組織や立法組織の独立性も担保されるという内容が入っていた。しかし、2020年のデモ鎮圧と北京の全人代で可決された香港国家安全維

持法の立法により、ほぼ香港の独自性は消えたと解釈する論者が多い。約束を反故にされた英国政府は、同法を制定した中国批判を活発化させ、逆に中国政府はこれを「内政干渉」だとして鋭く対立するに至っている。また、英国の公共放送である BBC が中国の新疆ウイグル自治区における「再教育施設」に関する現状を度々報じており、その内容はウイグル族を対象とする再教育施設で人権弾圧や集団性的暴行があったと報じる内容である。2021 年 2 月、中国の放送規制当局は、BBC のワールドニュースが中国の「国内報道指針に対する重大な違反があった」として、「これ以後は BBC の中国での放送継続を認めず、次年の放送申請も受理しない」と表明して対抗した。しかし、この新疆ウイグル自治区における問題内容は、単なる中国の内政問題ではなく、広く国際社会における人権問題に関わる内容である。もし、これが事実であるとするならば、G7 を中心として欧米各国は激しい嫌悪感を持つ。中国がこれは事実とは異なると主張するのであれば、新疆ウイグル自治区の再教育施設を国際監視団等に査察させるなどの措置を講じる必要があるだろう。

　2022 年 2 月には冬季五輪の開催地として中国・北京が予定されている。しかし、新型コロナの世界的蔓延、香港の一国二制度の反故、新疆ウイグル自治区の人権弾圧問題と様々な問題の中心にいる中国に対し、世界の目は冷たい。対外政策のみならず国内政策の大転換をしない限り、中国・北京での冬季五輪の開催は危うい状態にある。

D．日本経済への影響

　2019 年 10 月に消費税を 8% から 10% に上げた影響で、2019 年 10 ～ 12 月の国内総生産（GDP）は年率換算 7.1% 減少と落ち込んでいたところに、新型コロナによる国民の経済活動の自粛によって 1 ～ 3 月は年率 2.22% 減、4 ～ 6 月は年率 28.1% 減と三期連続での落ち込みとなった。その後は補正予算合計 60 兆円を組み、GoTo トラベルや GoTo イートなどのキャンペーンを行なったことが功を奏し、7 ～ 9 月に年率 21.4% 増、10 ～ 12 月に年率 12.7% 増と二期連続の回復となって 2020 年通年では国内総生産は前年比実質 4.8% 減のマイナス成長となった。

2019年10～12月：7.1%減 (年率)
消費増税の影響で2019年10～12月期の国内総生産（GDP）改定値は、実質で前期比1.8%減、年率換算では7.1%減となっていた。

2020年1～3月：2.22%減 (年率)
内閣府が発表した2020年1～3月期の国内総生産（GDP）再改定値は、物価変動の影響を除いた実質で前期比0.56%減、年率換算で2.22%減だった。

2020年4～6月：28.1%減 (年率)
内閣府は、2020年4月から6月までのGDP＝国内総生産の改定値を発表し、物価の変動を除いた実質の伸び率が前の3か月と比べて7.9%減、年率に換算した実質の伸び率が28.1%と減となった。

2020年7～9月：21.4%増 (年率)
内閣府が発表した2020年7月から9月までの実質国内総生産（GDP）は、実質で前期比5.0%増、年率換算で21.4%増となった。

2020年10～12月：12.7%増 (年率)
内閣府が発表した2020年10月から12月までの実質国内総生産（GDP）の速報値は、実質で前期比3.0%増、年率換算で12.7%増となった。

米中戦争の法的側面

A．米中関係の歴史的背景

　米ソ冷戦の最中、1971年にニクソン大統領とキッシンジャー（当時は大統領補佐官）がソ連から中華人民共和国を切り離し、自国陣営に呼び込むことに成功した。いわゆるニクソンショックである。それ以降、米国の世界戦略の中で中国は常に米国の友好国としての地位が保障されていた。中国はソ連型共産主義体制を諦め、70年代後半から改革開放政策に切り替えた。他方で、89年には東欧州でベルリンの壁が崩壊し、91年にはソ連邦が解体された。冷戦の終結である。中国も共産党が解体されて一気に民主化の方向に向かうかと思われたが、89年の天安門事件により急進な民主化の道は閉ざされた。しかし、北京政府は徐々にではあるが民主化の方向に向かうことを度々公言していたし、実際に90年代には開放経済をさらに加速し、急速に民主国家に向かう政策を採り始めた。米国はこれを歓迎し、2001年にはWTO（世界貿易機関）への加盟も認められた。中国は自由主義・資本主義国家群の経済圏に入り、90年代からの世界経済の主流となったグローバリゼーションの恩恵を最大限に受けた。しかし、米国のグローバル戦略がつまずいた2008年リーマンショックとそれに続く世界金融危機時における中国の振る舞いは、米国首脳にとって喜ばしいものではなかった。諸外国の苦境を利用するかのように領土拡張（南シナ海や東シナ海への進出）を積極的に行い、東南アジア、アフリカや欧州で金融的覇権を握ろうとするような政策を見せたのである。

B．米国国防権限法2019

　ベトナム戦争の英雄であり、米国の上院議員として米国民から尊敬されていた故ジョン・マケインは、2018年に連邦議会に反中政策の要となる法案「John S. McCain National Defense Authorization Act for Fiscal Year 2019」（NDAA2019、「国防権限法2019」と邦訳される）を提出して可決された。この法律は主に中国をターゲットにしたものであり、問題のある中国企業を実名を掲げて取引や投資に際しては注意するよう促している。特に、同法889条では、ファーウェイ（華為技術）、ZTE（中興通訊）、ハイテラ（海能達通信）、ハイクビジョン（海康威視数字技術）、ダーファ（浙江大華技術）などの中国企業の実名を揚げて政府調達を禁止している。

　この国防権限法2019を構成する特定の箇所は個別法としての呼称が付けられている。1701条から1728条までをまとめて「外国投資リスク審査現代化法」（FIRRMA2018）と呼び、さらに1741条から1774条までをまとめて「米国輸出管理改革法」（ECRA）と呼ぶ条文群である。その法律の内容は以下となる。

外国投資リスク審査現代化法（FIRRMA2018）

　この法律は、外国企業が対米投資を行う際には厳格に審査を行い、安全保障上の懸念がないかどうかをチェックする機能を持つ。これで対象とされるのは単に外国企業の投資案件だけに限らず、例えば、外国企業が米国の国内企業をM&Aによって子会社する場合や、実質的株主として外国の法人や個人が当該企業を支配している場合も含まれる。

米国輸出管理改革法（ECRA）

　この法律により、米国からの輸出や米国からの直接ではない第三国からの輸出についても規制をかけている。中国への輸出について注意しないと、外国企業であっても米商務省より不適合な取引を行なっている企業と認定されて対米取引が出来なくなる可能性がある。

★今回のテーマ
物価上昇率と失業率の相関（フィリップス曲線）

Ａ．景気変動のマクロ経済分析

　今日では景気変動と失業率との間に相関関係があることは知られており、これは1958年に英国LSE（ロンドン・スクール・オブ・エコノミクス）の研究者であったウィリアム・フィリップスによって賃金上昇率と失業率の間に強い相関関係があることで証明された。後に、これは物価上昇率（インフレ率）と失業率との関係に言い換えられて今日に至っている。この物価上昇率と失業率との相関をグラフ化したものがいわゆる「フィリップス曲線」であり、景気浮揚策として用いられる金融緩和政策の理論的背景となっている。ポール・サミュエルソン、ジェームズ・トービン、ミルトン・フリードマンなどの米国を代表する経済学者の研究に強い影響を与えたと同時に、リーマンショックへの対策として元FRB議長のバーナンキが行ったQE（量的金融緩和）政策（2008年〜）や第二次安倍政権下で行われたアベノミクス（2013年〜）などの実務でも使われている。

Ｂ．物価上昇率と失業率との相関

　1980年から2020年までの日本の物価上昇率（消費者物価指数）と年末（12月）の失業率をグラフ化すると下記になる。消費者物価は伸び率を縦軸にとり、横軸に失業率をとると、典型的なフィリップス曲線が表れる。つまり、日本の物価上昇率と失業率との間には強い相関関係があることが分かる。アベノミクスにおいて失業率が下がり、有効求人倍率が伸びたのは、積極的に行った量的金融緩和政策が効いたことが分かる。

日本の物価上昇率と失業率の相関図（1980年〜2020年）

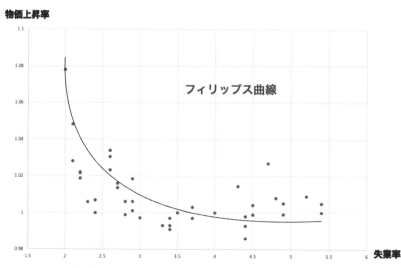

資料：政府統計 e-Stat「消費者物価指数」および「労働力調査」より

★今回のテーマ

マンデル＝フレミング・モデルと金融政策

A．IS＝LM 曲線

各項目を次のように取る。すなわち、I：投資（Investment）/ S：貯蓄（Saving）/ L：流動性選好（Liquidity Preference）/ M：貨幣供給（Money Supply）の場合、IS 曲線と LM 曲線を引くと、両者が均衡する点がある。これによって政府の財政政策や中央銀行の金融政策の効果を測ることが出来る。利子率は「r」。

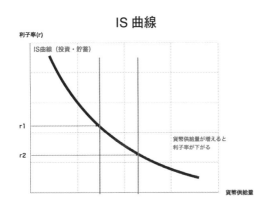

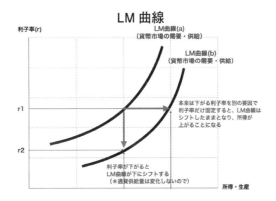

B．マンデル＝フレミング・モデル

マンデル＝フレミング・モデルとは、IS＝LM 分析を基にして、これを国際経済の場面に応用したマクロ経済学の理論である。R. マンデル（Robert Mundell）と J. マーカス・フレミング（John Marcus Fleming）は共同ではなく、両者がほぼ同時に同じモデルを考案したので、連名でこの名称がついている。マンデルは後にノーベル経済学賞を受賞。その主な内容は、為替の固定相場制または変動相場制における金融政策と財政政策の効果について理論的なモデルを示すものである。

固定相場制の場合

固定相場制においては、外国為替の需給とは無関係に為替レートを一定の値に保持する必要がある。したがって、金融政策を採れない。なぜなら、金融政策を行なって通貨の供給量を増やそうとすると、資本の外国への流出が生じて超過供給の効果が減殺される。これを防止するには、資本流出を規制する措置を採らなければいけなくなる。

変動相場制の場合

変動相場制においては、経常収支と資本収支が均衡するように動く。したがって、金融政策を行なって通貨安に誘導すると、結果として経常収支の黒字をもたらす。財政支出を行うと理論的な金利上昇が起こり外国からの資金流入が増え、通貨高となる。金融緩和を行った上で財政支出を行うと、両者が均衡して金利上昇が起こらず、経常収支がプラスとなる。

［時事問題の事例］

先端技術の海外流出防止
政府補助、資金源の開示条件

政府は軍事転用可能な先端技術が大学から海外に流出しないよう対策を強化する。大学の研究室が国から研究開発費の補助を受ける際は、外国の企業や組織から資金協力を受けているか開示を義務付ける。経済安全保障を重視して中国のスパイを警戒する米国に足並みをそろえる。対象国を明示した基準は示さないため、混乱や研究の萎縮を招く可能性もある。

いま政府が大学の研究室に研究開発費の補助を出す際は、どのような国・企業から資金や人の協力を得ているか示す必要はない。政府が重要と判断して補助する研究でさえ、中国などの関与があるか把握できていない。

全国の大学に外国人留学生は約9万人、大学院には約5.3万人がいる。東京大学・大学院だけで19年11月時点で4千人以上に上り、そのうち中国籍は6割を占める。

政府系機関と支援対象の研究領域

大学に資金を配る政府系機関	大学の研究室への主な支援分野
科学技術振興機構（JST）	AI、量子情報処理、革新的コンピューティング技術
新エネルギー・産業技術総合開発機構（NEDO）	ロボット、AI、ドローン、自動運転
日本医療研究開発機構（AMED）	バイオ創薬、医療機器、再生医療、ゲノム
農業・食品産業技術総合研究機構（NARO）	ゲノム編集・遺伝子組み換え

ビッグデータの分析や人工知能（AI）の開発など理系の先端技術などでは中国人留学生が研究を支える例が多い。

一方、経済産業省の報告書では輸出規制がかかった技術や製品を無許可で持ち出そうとする外国人研究者の存在が指摘されている。政府関係者によると留学生の共著論文を精査して中国の軍事組織との関係が確認された例もあったという。

中国は「軍民融合」を合言葉に民間技術を軍事転用する戦略を掲げている。国民や企業が政府の情報活動に協力する義務を定める法律もある。

日本の大学や企業が開発した先端技術には軍事転用できるものも多い。半導体やバイオ技術などは兵器に転用でき、次世代通信規格「5G」の技術もサイバー攻撃に利用できる。AIとドローン（小型無人機）を組み合わせて無人攻撃機に応用する懸念もある。

研究成果を論文で公表する際には、知的財産の確保や安全を考えて使う機材や技術の一部を示さない例がある。携わった人物がそうした機密を持ち出せば、完全に再現できる公算が大きい。

米国では大学や研究機関に流出防止策の策定を求め、違反時は資金援助の制限や停止をする。1月には米ハーバード大教授が中国の国家プロジェクトに関わったことを報告せず、虚偽の説明をした罪で起訴された。

トランプ米大統領が中国通信大手・華為技術（ファーウェイ）への警戒を示してからは中国企業の寄付や共同研究を停止する大学も増えた。

日本も米国を参考に指針を設ける。科学技術振興機構（JST）や新エネルギー・産業技術総合開発機構（NEDO）など政府系4機関を通じて資金支援をする研究室のすべてについて、海外からの資金の情報の開示を求める方針だ。

外国人研究者や留学生の詳細な研究歴の申告や、技術流出の防止策の整備を条件にする案も検討する。早ければ2022年度から適用する。

文部科学省によると、17年度の政府系機関から大学への公的補助は約2600億円で大学の研究開発費（3.6兆円）の一部だ。とはいえ公的な補助は少額でも外部資金の呼び水になる例が多いため、大学は疑念を持たれそうな関係を自主的に遮断するとみている。

政府には大学側から「過度な管理や規制は研究活動を阻害する」との反発の声も寄せられているという。自由な研究を縛る規制になるため、資金や人の減少につながる懸念もある。

政府の統合イノベーション戦略推進会議（議長・菅義偉官房長官）がこうした方針を今月中に示す。政府は1年程度かけて研究開発予算のガイドラインを改定する。

出典：日本経済新聞電子版「先端技術の海外流出防止　政府補助、資金源の開示条件【イブニングスクープ】」2020年6月23日（https://www.nikkei.com/article/DGXMZO60686450T20C20A6MM8000/）および日本経済新聞電子版「先端技術の海外流出防止　政府補助、資金源開示を条件に　スパイを警戒」2020年6月24日（https://www.nikkei.com/article/DGKKZO60686450T20C20A6MM8000/）抜粋・編集。

次期戦闘機、日本主導に　三菱重工含む国内8社
防衛産業の基盤強化と新産業育成に期待

政府が2035年の配備をめざす次期戦闘機の開発体制の大枠が固まった。三菱重工業を開発主体として、米防衛大手でF22やF35などの開発実績をもつロッキード・マーチンが技術支援する。三菱重工業が全体を統括し、川崎重工業とNECなども参加して日本の防衛産業の主要企業が協力して設計する。

共同設計される戦闘機の計画案

共同設計に参加する日本企業は8社で、役割分担はエンジンがIHI、機体がSUBARUと川重、電子戦装備を制御するミッションシステムが三菱電機、レーダーを含む電子機器が東芝と富士通、NECになる。

次期戦闘機は日米が共同開発した航空自衛隊のF2戦闘機の後継にあたる。防衛省は約90機を生産する計画で、配備までの総事業規模は5兆円を超すとの見方がある。

次期戦闘機は艦船や地上への攻撃、空中戦を全てこなす「マルチロール機」と位置づける。ステルス性能や、電磁波の妨害を受けても作戦を続けられる能力を備える。中国やロシアが最新鋭機の配備を進めているのに対応する。

米ロッキード社の技術支援と米軍との相互運用性

技術支援に米ロッキードを選んだ理由は開発実績と日米の同盟関係だ。世界最強と評されるF22やF35を開発し、ステルス技術にも定評がある。主に機体設計やシステム統合の面で三菱重に協力する。

米国とは21年度から日米の戦闘機同士をネットワークでつなぐ技術（インターオペラビリティー：相互運用性）の検討を始める。日米の複数の戦闘機が情報を共有できれば、米軍の主力のF22やF35とデータを連結させ、有事の際には敵の攻撃へのより緻密な防御が可能になる。米国の政府や企業と装備品のデータ接続手法などを協議する。

英国の協力

戦闘機開発計画をもつ英国とも分野別の協力を探る。エンジンやレーダーを想定し、BAEシステムズやロールス・ロイスが関心を示している。英国は次期戦闘機「テンペスト」の開発を進める。共同研究した部品を搭載すれば、日英双方がコストを削れる。

イノベーション効果や新産業育成に期待

これまで航空自衛隊の戦闘機の選定・開発は米主導で、基幹部品の技術は非開示。日本勢には技術が蓄積されない不満があった。次期戦闘機は「防衛産業の基盤強化につながる」。日本の企業が中心に開発することで、各企業の技術力を高め、中長期的に人材やノウハウを継承していくことができる。ものづくりや事業の基盤を強くする効果がある。国内企業のイノベーションや新産業育成につながる。

三菱重の小牧南工場（愛知県豊山町）内で作業する。飛行制御やエンジン、ソフトウエアなど部門ごとに設計室を備える。いま各社の技術者が200人以上集まる態勢だが、将来的に500人規模に増やす。

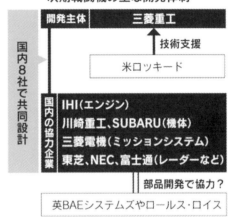

次期戦闘機の主な開発体制

防衛産業のなかでも戦闘機の関連産業の裾野は広く、1機種あたりの製造に約1000社が関わるとされる。必要となる技術は高出力エンジンから赤外線センサー、軽くて丈夫な機体、情報システムと多岐にわたり、それぞれに高度な技術力が求められる。日本主導での開発を通じ、最先端分野でのイノベーション創出を狙う。

日本経済新聞電子版「川崎重工とNEC、次期戦闘機の共同開発に参加」2021年3月10日（https://www.nikkei.com/article/DGXZQODE159XY0V10C21A1000000/?n_cid=NMAIL006_20210310_Y）、日本経済新聞電子版「次期戦闘機、英とも部品協力　米とは相互運用研究」2020年12月17日（https://www.nikkei.com/article/DGXZQODE15BGN0V11C20A2000000/）、日本経済新聞電子版「次期戦闘機を日本で開発　三菱重主導、ロッキードが支援」2020年12月11日（https://www.nikkei.com/article/DGXZQODE111M90R11C20A2000000/）および「三菱重工、次期戦闘機開発『稼げぬ防衛』転機なるか」2020年11月3日（https://www.nikkei.com/article/DGXMZO65762370021120201TJC000/）より抜粋・編集。

米中スパイ戦争 ─ 在ヒューストン中国総領事館の煙は「21世紀新冷戦の象徴」

7月21日にテキサス州ヒューストンの中国総領事館から煙が上がった理由を知りたければ、次の数字に注目してほしい──103、52-40、16、14万8000だ。

閉鎖命令が明らかになった7月22日のヒューストン総領事館　ADREES LATIF-REUTERS

アメリカは中国の情報機関が知的財産を盗んだとして同領事館を72時間以内に閉鎖するよう命じた。領事館の職員たちは（そしてもちろんスパイも）米当局が建物に入る前に、機密書類を大急ぎで燃やそうとしたのだ。ますますヒートアップする21世紀の米中冷戦を象徴する出来事だ。

中国は習近平国家主席の下、2013年頃から対米スパイ活動を活発化させていた。アメリカはなぜ、今になって突然動いたのか

ただし、中国は何年も前からアメリカで精力的に情報収集活動を行ってきた。アメリカはなぜ、今になって突然動いたのか。最大の動機は11月3日の大統領選だ。トランプ大統領は大敗の危機に直面している。投票日はこの記事の執筆時点から見て103日後。間もなく数百万人の有権者が郵送での投票を開始する。最新の世論調査によれば、トランプは民主党のバイデン前副大統領に52％-40％で後れを取り、伝統的に共和党が強いテキサス州でも負けている。アメリカの実質的な失業率（公式の数字より5ポイントほど高いとされている）は、90年前の大恐慌以来最悪の約16％。失業給付の増額措置は7月末に期限切れとなり、国民の3分の1は家賃の支払いができなくなる。新型コロナウイルスによる死者は14万8000人に達し、最近は毎日1000人以上増え続けている。このパンデミック（世界的大流行）に対する大統領の反応は、無視することだった。トランプは「いずれウイルスは消え去る」と語り、予定どおり秋に学校での対面授業を再開しようとした。もちろん、ウイルスはトランプの予言どおりにはならず、米政府の致命的な危機管理上の不手際を白日の下にさらけ出した。そこでトランプは、中国に責任を転嫁しようとした。こうして中国はヒューストンから追い出されることになり、スパイ活動の証拠書類を燃やしたというわけだ。＜スパイ戦争の必然的結末＞ただし、ヒューストンの中国総領事館で煙を発生させる原因となった数字は、ほかにもある──10、137、50、1200だ。中国がスパイ行為を働いていることは明らかだ。米中両国は何十年も前から互いにスパイし合ってきたが、中国は習近平国家主席の下、2013年頃から対米情報活動を活発化させた。FBIのレイ長官は7月7日、中国の活動をアメリカにとって最大の脅威と位置付け、FBIは中国絡みの新たな対スパイ活動を「10時間ごとに」開始していると証言した。2000年以降、公表された中国の情報活動は少なくとも137件。兵器関連または機密扱いの技術の窃盗が絡んだ事例は少なくとも50件ある。

大半のスパイ行為は摘発を免れている

2000年以降、中国に対する知的財産権侵害訴訟は1200件以上に上る。だが私は米情報機関の出身者として、大半のスパイ行為は摘発を免れていると断言できる。1980年代、それまで秘密とされていた中国のロプノール核実験場を訪れた最初のアメリカ人科学者は、「彼らは何でも持っていた」と語っている。アメリカで秘密情報を入手する方法を指導するために書かれた中国のスパイ教本にはこうある。「風を完璧に遮断する壁は存在しない」中国が機密書類を燃やさなければならなかった直接の理由は、再選を目指すトランプがコロナ対策の悲惨な失敗から有権者の目をそらそうとしたためだった。しかし、中国が対米情報活動を強化しているのも事実だ。米中は既にスパイ戦争に突入している。どちらかの国の機密書類が燃やされるのは時間の問題だった。

出典：グレン・カール・Newsweek日本版「米中スパイ戦争──在ヒューストン中国総領事館の煙は『21世紀新冷戦の象徴』」2020年7月27日（https://www.newsweekjapan.jp/glenn/2020/07/post-47.php）から抜粋・編集。

欧州に募る中国不信　価格つり上げや宣伝工作に嫌気

中国の習近平国家主席は昨年、関係強化を狙い欧州を歴訪したが、新型コロナウイルスをめぐる最近の中国の行動に欧州が警戒感を強め、８０兆円規模の貿易を行っている両者の間に亀裂が走っている。

■「コロナ外交」に批判

欧州の外交官が語るのは、新型コロナのパンデミック（世界的大流行）をめぐる中国側の振る舞いだ。中国の医療機器サプライヤーによる価格つり上げの報告や、そうした行動がどう受け止められるかについての無神経さなどが話題に上る。中国側の新型コロナ危機への対応は、同国が世界的なリーダーシップをアピールできるまさにこのタイミングで、自らの信頼性を損ねる結果となっている。

「中国はここ数カ月で欧州を失った」と話すのはドイツの緑の党に所属し、欧州議会で対中関係を担当するラインハルト・ビュティコファー議員だ。同議員はウイルス拡散初期段階での中国側の「真実のマネジメント」から北京での中国外務省報道官による「極めて攻撃的な」スタンス、民主主義より中国共産党が優れていると主張する「強硬なプロパガンダ（宣伝工作）」などへの懸念を挙げる。

関係悪化をもたらしたのは一つの行動というよりも、「パートナーシップを構築しようという意思ではなく、人々に何をすべきか命じようとする態度が至る所に見られることにある」と同議員は指摘する。

米トランプ政権が再び中国非難を強める一方で、欧州の当局者は表立った対中批判は控えがちだ。仕返しを恐れていることもある。だがベルリンやパリ、ロンドン、ブリュッセルの政治家たちが新型コロナに関する中国の対応に懸念を示しているという事実は、広範な影響を伴う怒りが深まっている状況を示唆している。

2019年4月、現代版シルクロード構想「一帯一路」の合意文書に署名するためローマを訪れた中国の習近平国家主席。欧中関係は当時と様変わりした。

■脱貿易依存へ動く

既にいくつかの欧州連合（EU）加盟国は対中依存を減らし、搾取にも転じ得る投資を阻止する政策を探り、昨年７５００億ドル（約81兆円）に迫った中国EU貿易を損ねるリスクを冒してでも防御策を講じようとしている。

新型コロナのパンデミックは中国からの対欧医療品支援などを通じ、欧州と中国の連帯の好機となるはずだったが、在中国EU商業会議所（中国欧盟商会）のヨルグ・ワトケ会頭は「中国についていえば、欧州の雰囲気は今かなり険悪だ」と語る。

主要7カ国（G7）の外相が3月25日に行った電話会議で欧州とG7は中国に警戒すべきだとの認識が示された。他の多くの国が新型コロナ封じ込めでロックダウン（都市封鎖）を続けている間に「中国が一段と自信を強め、より強力に動く可能性がある」と報告されたという。欧州当局者が明らかにした。

中国外務省の趙立堅報道官は17日の記者会見で、中国は欧州各国を含めた国際社会と協力し「全人類の健康と安全を共に守る」用意があると表明した。

それでも中国のやり方は裏目に出た。在フランス中国大使館のウェブサイトに、仏高齢者施設の職員は入居者を死ぬに任せているとの誤った批判が掲載されたのだ。モンテーニュ研究所のアジアプログラムディレクター、マシュー・デュシャテル氏はフランスでの新型コロナ危機の「最もセンシティブかつ最も悲劇的な側面の一つについて、信じられない主張がなされた」とツイートした。

北京に駐在する2人の欧州当局者によれば、中国はプロパガンダの窓口機関が増幅させる「陰謀説」への反発を過小評価していた。新型コロナをめぐる対欧支援に欧州の人々は感謝し称賛しなければならないという中国の主張もまた、本来得られるであろう好意を損ねているとも2人は説明している。

出典：A. Crawford=P. Martin, Bloomberg「欧州に募る"中国不信"　価格つり上げや宣伝工作に嫌気」2020年4月29日（https://www.sankeibiz.jp/macro/news/200429/mcb2004290700002-n1.htm）から抜粋・編集。

デジタル人民元　米ドル基軸体制に風穴？ （田村秀男）

2022年、中国は北京冬季五輪開催と共に歴史的事業となるであろうデジタル人民元の完成を目指している。世界初となる中央政府によるデジタル通貨の流通には、米ドル基軸体制に風穴を開ける狙いがある。

■ドル覇権崩しが本格化する2021年

2021年は中国・習近平政権によるデジタル人民元をテコにしたドル覇権崩しが本格化する情勢だ。習政権の戦略は用意周到で、ドル金融センター、香港を完全に掌握すると同時に、巨大ネット資本アリババ集団を強権で支配する工作に着手した。アリババが構築したデジタル決裁ネットワーク基盤の上に、共産党が支配する中国人民銀行が発行するデジタル人民元を国内で普及させる体制を年内に整えるための布石である。

次のステップは拡大中華経済圏構想「一帯一路」沿線国・地域や貿易相手国に拡げ、ドル基軸体制を蚕食していくことだろう。

20年6月に香港国家安全維持法（国安法）適用を強行し、国際金融センターを中国共産党の監視・統制下に置いた。1949年の建国以来、党のドル調達拠点である香港への「長期打算・充分活用」路線は、「自由香港」の褪色によって損なわれると思いきや、中国の巨大ネット資本、アリババを筆頭に香港市場に続々と上場させ、香港株価を吊り上げ、強欲な西側の機関投資家、投資ファンド、大手金融資本を引き寄せ、それを人質にして西側の対中制裁発動を控えさせた。

トランプ政権は国安法に対抗して香港自治法に署名し、金融制裁することにしたが、対象は香港自治侵害に関与した香港と中国の下僚10人にとどまった。19年11月には香港ドルと米ドルの交換禁止を可能にする香港人権・民主主義法を制定済みで、発動すれば人民元と存分に交換できる香港ドルを介して米ドルを入手する中国本土にとって大打撃になるはずだったが、見送った。国際金融市場全体がパニックに陥るリスクを考慮したためだ。

■通貨のデジタル化で監視社会システムが完成

カネはあらゆる個人や企業などの組織の情報を付随させるため、習政権はこれまで密告やモニターカメラなどに頼ってきた国民監視システムを通貨をデジタル化することによって漏れなく張り巡らすことになる。目に見えない恐怖の監視社会システムが完成するわけである。

前述した香港に話を戻すと、香港の締めつけを習政権が急いだ大きな動機は、絶え間のない本土からの資本逃避の受け皿が香港であるという事情にある。資本逃避のために中国は人民元発行の裏付け資産である外貨準備が脅かされ続けている。その香港金融市場を厳重に監視する政治的基盤を築くのが国安法の最大の狙いのはずである。そのうえにデジタル人民元決済で香港を取り込んでしまえば、いつだれがどのようにどこへカネを動かしているかどうかを掌握できるだろう。

米国が覇権国であるゆえんは、ドルの流通を通じて世界の機密情報をたやすく入手でき、ピンポイントで敵対する個人や企業、政府を制裁できるからだ。為替取引や資本・金融取引が不自由極まりない人民元がデジタル通貨になろうとも、全世界にただちに普及するはずはないが、貿易決済を中心にじわじわとデジタル人民元が浸透し、ドル基軸体制に最初は取るに足りない穴を増やし、最終的には突き崩す戦略を描いているだろう。

デジタル人民元を実証実験 （時事通信社）

中国で「デジタル人民元」導入の準備が最終段階を迎えている。昨秋には実際の利用を想定した大規模な実証実験がスタート。2022年2月の北京冬季五輪を見据え、中央銀行の発行する法定通貨では世界初となるデジタル通貨が、21年中にも登場する見通しだ。当面は現金との併存が続く予定だが、経済のデジタル化が進展し、社会の仕組みが大きく変わる可能性もある。

中国人民銀行は14年にデジタル元の研究に着手。一部地域での限定的な試験を経て、20年10月に広東省深セン市で5万人、12月には江蘇省蘇州市で10万人を対象に実証実験を行った。

蘇州の実験では、インターネットに接続していない状態でデジタル元をやりとりするシステムも試された。中国メディアによると、スマホ同士を軽く接触させるだけでお金の受け渡しが終わり、通信状況に関係なく取引できることが確認された。

こうしたオフラインのやりとりはオンラインよりも高度なセキュリティーが求められる。中国メディアは専門家の話として、ブロックチェーンと呼ばれる新技術などによって可能になったと説明、デジタル元実現に向けた「飛躍的な進歩」と評価した。

出典：田村秀男・ニッポンドットコム「デジタル人民元の恐るべき野望と未来」2021年2月3日（https://www.nippon.com/ja/in-depth/d00673/）および時事ドットコム「デジタル人民元、始動へ　世界初、年内にも―中国」2021年1月3日（https://www.jiji.com/jc/article?k=2021010200125&g=int）から抜粋・編集した。

デジタル通貨 中銀走る

世界の中央銀行がデジタル通貨の発行を見据えた動きを加速している。中国では2022年の正式導入に向けた準備が本格化し、日本や欧州も研究から実証実験へと歩みを進める。実現すれば個人や企業の利便性が高まるとの期待がある半面、技術や制度設計面の課題も多い。 21年は各国で発行準備が一段と広がる年となりそうだ。

中央銀行の発行するデジタル通貨は「CBDC（Central Bank Digital Currency）」と呼ぶ。お札や硬貨といった実物ではなく、電子的にお金の受け渡しができるようにするものだ。

日米欧の7中銀と国際決済銀行（BIS）は2020年10月、実現可能性に関する報告書をまとめ、日銀や欧州中央銀行（ECB）は別途、取り組み方針も示した。

個人はスマートフォンやICカードを財布代わりに持ち歩き、店頭での買い物などに使える。JR東日本が発行するスイカなど既存の電子マネーと同じようだが、いくつか大きな違いがある。

最大のポイントは、CBDCは中銀が発行・管理する「法定通貨」であること。電子マネーは使える店舗が限られる。CBDCは現金と同様、どの店も受け取りを拒めず、どこでも使える。発行者の破綻によって使えなくなるというリスクもほぼない。

受け取る側もクレジットカード払いのように実際の入金が遅れることなく、即時に決済できる。お金の保管や輸送にかかる経費も下がるだろう。

新型コロナウイルスが広がった2020年、日本を含めて多くの国の政府が配った給付金は消費や投資に十分に回らなかったとの見方もある。デジタル通貨のデータを所得情報にひもづければ、政策効果を検証しやすくなり、効率的な分配につながる。複数の国のCBDCが互換性を備えれば、銀行の国際送金も安くなり競争力が高まる。

日銀は春にも実証実験を始める。3段階を想定し、まずはシステム上で実験環境をつくり発行や流通など通貨に必要な基本機能を検証する。電子上のお金のやり取りで不具合が起きないか調べたり、発行残高や取引の履歴を記録する方法を検討したりする。2021年度中にも第2段階に進み、お金に金利をつけたり保有できる金額に上限を設けたりと、より複雑な条件下で機能するかを試す。

最終段階の「パイロット実験」は民間の事業者や消費者も参加し、地域を限って実際の売買に使えるかどうかを検証する。ここまで来れば発行が現実味を増してくるが、日銀は「必要と判断すれば実施する」としている。

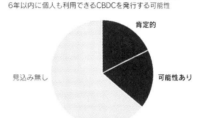

CBDC発行を検討する中銀は4割に迫る
6年以内に個人も利用できるCBDCを発行する可能性

肯定的

可能性あり

見込み無し

(出所)BIS、2019年調査

各中銀はデジタル通貨の実験・研究を進める

日本	21年度に実証実験を開始、民間事業者や消費者が参加する実験も検討
欧州	21年に実証実験を検討
米国	日欧などの共同研究に途中参加
スウェーデン	21年まで実証実験
中国	22年の北京冬季五輪までに発行を目指す

ECBも2021年中に実験を始める構えだ。スウェーデンはすでに試験運用に取り組む。

先行するのは新興国。中国は2020年10月、深圳市で5万人を対象に1人あたり200元（約3200円）の「デジタル人民元」を配る大規模な実験を手掛けた。さらに実験の対象地域を北京市内や天津市、上海市など主要都市に広げている。2022年の北京冬季五輪までの正式発行を目指し、準備の最終段階に入る。

統制強化の狙いも透ける。利用履歴や資金の流れを捕捉しやすいデジタル通貨を当局が発行・管理すれば、マネーロンダリング（資金洗浄）などへの監視力も高まる。国際貿易や金融取引で米ドルへの依存を薄めつつ、新興国との貿易決済などに使って「人民元経済圏」を広げる思惑もちらつく。

世界でCBDCの開発競争の火付け役となったフェイスブックのディエム（名称をリブラからディエムに改めた）は、100％の裏付け資産で価格を安定させ、銀行口座のない人にも低コストで金融サービスを届ける理念を掲げた。ところが世界の金融当局は「国家の通貨主権を揺るがしかねない」（フランスのルメール経済・財務相）と強く反発した。

各国政府や中銀は、自らが管理できない民間デジタル通貨が広く流通することを警戒した。資金洗浄の温床になりかねず、消費者保護の仕組みも未整備だ。自国通貨の金利や供給量を調節して景気や物価に働きかける金融政策の効果も薄れる。

各国当局の強い反対を受けてリブラ（ディエム）の計画は一旦、見直しを迫られたが、中国のデジタル人民元の実現に向けた歩みは止まらない。

出典：日本経済新聞電子版「＜展望2021＞デジタル通貨 中銀走る 中国先行、日本は春にも実験」2021年1月1日（https://www.nikkei.com/article/DGXZQODF250W60V21C20A1000000/）から抜粋・編集。

給与のデジタル払い　2021年の春から可能に

政府は会社員が給与をキャッシュレス決済サービスで受け取れるようにする方針だ。実現すれば、給与をスマートフォンアプリなどで受け取り、そのまま日常の買い物に使えるようになる。どのような仕組みになるのかを一問一答で。

Q　給与をスマホのアプリで受け取るとは。

A　給料日になると、銀行口座の代わりにスマホのキャッシュレス決済サービスなどの残高が増えるイメージです。労働基準法で給与など賃金は「通貨で直接、全額を支払う」と定められています。原則は現金払いで、銀行口座への振り込みは例外として同法施行規則で認められています。この例外に、スマホなどを使うキャッシュレス決済サービスを加える検討が進んでいます。

Q　給与を受け取る人にはどんなメリットがありますか。

A　まずATMに行く頻度を減らせるでしょう。スマホ決済アプリなどで直接受け取れば、そのまま買い物に使えます。スマホ決済には同じサービスを使う家族や友人へ送金する機能を持つものもあります。親へ仕送りをしたり、子どもに小遣いを渡したりといった個人的なお金のやりとりも現金やATMなどを使わず完結します。

Q　ほかにもありますか。

A　フィンテック協会常務理事の堀天子弁護士は「給料日が月1回に限らず、隔週や毎週になることも考えられる」と話します。キャッシュレス決済サービスには銀行振込より簡単な手続きでお金のやり取りができるものがあり、支払い回数を増やすハードルが下がるためです。給料日前の出費に慌てる人が減るかもしれません。

Q　全く現金がないと不便なこともありそうです。

A　給与のデジタル払いが認められた後でも、強制的に入金先が銀行からスマホ決済などに変わることはありません。労基法施行規則で、給与の払い方の例外が認められるのは「労働者の同意を得た場合」に限られます。また、いったんスマホ決済などに入った給与を、後から現金で出金できる仕組みも設ける見通しです。

Q　現金とスマホ決済の両方で受け取りたいです。

A　銀行口座とキャッシュレス決済サービスは併用できます。20万円の給料のうち16万円は銀行口座に、4万円はスマホ決済に振り込むといった形です。企業の中には、実験的に経費などをスマホ決済で払う動きもあります。

Q　どのキャッシュレス決済サービスが対象になるのでしょう。

A　「資金移動業」の登録をした業者のうち、今後定められる新基準を満たす事業者が対象となる見通しです。「PayPay（ペイペイ）」などスマホ決済の事業者の多くは、資金移動業の登録を済ませています。こうした業者はもう1段の規制をクリアする必要があります。ちなみにプリペイド型の電子マネーには「前払式支払手段発行者」という別の登録のみの事業者が運営する例があります。その事業者は今回の規制緩和の対象外です。

Q　業者が倒産したときが心配です。

A　資金移動業者の破綻時には業者が事前に納めた「供託金」を使い、利用者への支払いに充てる仕組みが既にあります。ただし、実際の支払いに数カ月といった時間がかかる可能性があるため、迅速な支払いができる新制度を検討中です。今のところ保証会社や保険会社を活用する案が有力です。事業者が破綻したら、数日のうちに給与相当額が利用者に払われるようになる見込みです。

Q　給与のデジタル払いはいつ頃始まりそうですか。

A　最短なら今春にも規制が緩和されます。ただ、制度の詳細は固まっていない部分が多く、遅れる可能性があります。規制緩和後もすぐに普及するとは限りません。給与を払う企業や会社員が、どのキャッシュレス決済サービスを使うかといった準備の時間も必要だからです。

出典：堀大介・日本経済新聞電子版「給与デジタル払い　今春にも　スマホ決済、銀行口座と併用」2021年2月27日（https://www.nikkei.com/article/DGKKZO69457540W1A220C2PPL000/）から抜粋・編集。

新たに刷る1万円札の発注が最少　21年度、細る現金需要

新たに刷る1万円札の需要が細っている。日銀は2021年度に国立印刷局に発注する1万円札を9億枚とする。前年度から2千万枚減り、4年連続の減少になる。現行紙幣の発行が始まった04年度以降では過去最少だ。新型コロナウイルス禍でキャッシュレス決済が一段と普及したほか、タンス預金の拡大も影響している。

日銀は2021年度に国立印刷局に発注する1万円札を9億枚とする

日銀が事務局を務める金融広報中央委員会の調査によると、20年までの5年間で、1万円から5万円までの支払いにクレジットカードを使用する2人以上の世帯の割合は52.4％から65.1％に伸びた。現金を使う割合は53.6％から33.9％に減少した。

コロナ感染の拡大で、紙幣を使う機会が少なくなった面もある。みずほ証券の小林俊介チーフエコノミストは「飲食店での割り勘など現金を使う場面が大きく減った」と話す。結婚式のご祝儀や進学・就職祝いなどで新札を手渡す場面が減ったことも、1万円札の発注減につながったとみられる。

自宅に保管する「タンス預金」の積み上がりも影響している。第一生命経済研究所の熊野英生首席エコノミストの試算によると、国内のタンス預金は約57兆円。市中で流通する現金のほぼ半分を占める。使われないお札は劣化が進みにくく、新しいお札を発行して古いお札を交換する必要性は低下する。

一方で5千円札の発注は前年度から9千万枚多い4億1千万枚だった。直近の5年間で倍増し、04年度以降で過去最高になった。

5千円札は券売機などでおつりに使われる場面が多く、劣化が進みやすい。日銀によると1万円札の寿命は4〜5年程度なのに対し、5千円札は1〜2年程度で、更新需要も強い。ニッセイ基礎研究所の上野剛志上席エコノミストは「過去に多く発注した5千円札が寿命を迎えはじめ、新札に交換する必要が出てきているのではないか」と指摘する。

出典：日本経済新聞電子版「新たに刷る1万円札の発注が最少　21年度、細る現金需要」2021年2月18日（https://www.nikkei.com/article/DGXZQODF108850Q1A210C2000000/）から抜粋・編集。

第5部：国際環境問題とイノベーションの時代

〔学ぶ内容〕
環境問題の歴史、環境対応技術と制度改革

★今回のテーマ
循環型社会の必要性

A．世界的な社会構造の変化

「経済効率優先の社会システム」から「環境対応・循環型社会システム」へ

　19 世紀より世界に先駆けて政治的・社会的な変革を経験したヨーロッパが、経済の近代的変革も経てみて、環境変化への興味をも持つに至った。もともとヨーロッパでは、理念・哲学を大切にする土壌があったことも幸いして、環境管理の必要性を調査、解明し、これを実践してきた。これに対して、他の先進国では、経済効率優先の社会システムを作り上げてきたため、例えば資源ゴミのリサイクルが比較的コスト高になる場合には、これを再生するより焼却する方を選択するのを通常としてきた。しかし、今は多くの国で、循環型リサイクルシステムの必要性が認識されてきている。歴史的に重要な条約としては、「人間環境宣言」（72 年ストックホルム）、「リオ宣言」（92 年リオデジャネイロ）、「京都議定書」（97 年京都）などが掲げられる。

	内　容 、 価 値 観 の 特 徴
経済効率指数	金銭と物質中心主義、業績達成と成長の重視、生産の論理、経済効率、成功者への共鳴、大きいことは美しい
環境循環指数	人間中心主義、性格の質と環境の重視、直観、再生産の論理、エコロジー、不運な者に対する共鳴、小さいことは美しい

B．社会制度の変革が必要

　地球規模での環境問題とは、「世界的な人口増加」につれて「天然熱帯林が減少」し、逆に「温室ガス排出量が増大」している。つまり、「地球全体で環境バランスがくずれる兆候」を示すようになってきていることである。

　これを食い止める、あるいは緩和するには、「消費型」ではなく、「循環型」システムを進展させることが重要であるが、そのためには、

　　①法制度を環境循環型に変革して行くこと、特に各種の環境法を充実させること
　　②社会の価値システムを循環型にシフトさせること
　　③幼児期からの環境に対する教育を充実させること
が必要である。

C．天然資源に対する考え方

　天然資源や自然環境は、我々が祖先の代から受け継いできた自分たちのものであり、これを自由に使っていいんだという従来の考え方を止めて、天然資源を使用した結果は、自分たちの代ではなく子孫の代になってから大きな影響を及ぼすことになるので慎重に使わなければいけないという発想に変えることが大切となる。

従来の考え方	我々は天然の資源を祖先の代から受け継いできた
これからの考え方	我々は天然資源を子孫の代から借りている

D．国際環境問題とイノベーション

　国際環境問題が企業のイノベーションに結びつくのは、次のような流れによる。

今日の国際環境問題は「CO2 の削減」が中心

CO2 削減の方法は 3 種類
　　（1）CO2 の排出を減らす＝省エネルギー
　　（2）CO2 の排出を減らす＝脱化石燃料
　　（3）CO2 を吸収する技術＝ CCS または CCUS

これらを達成するためには
イノベーション（技術革新および社会革新）が必要となる

　2015 年の国連サミットで、SDGs（Sustainable Development Goals：持続的発展可能な開発目標）を 2030 年までに達成するという目標が採択された。

人間環境宣言から京都議定書成立まで

A．環境問題への視点

　昔から、人類は自然環境を資本として利用しながら文明を発展させてきた。このため原始的な狩猟採集生活に比較してはるかに高い生産力を実現し、文化的な生活を保つことができたのである。しかし、環境に過大な変化をもたらすことが逆に人類の生活を脅かす結果になる事態もみられる。文明の環境への影響は紀元前からみられる。エジプトなどの古代文明は森林の過剰な伐採が原因で砂漠化を招き、生産力を保てなくなって衰亡したと言われている。しかし、環境問題が特に顕著となってきたのは産業革命以降である。石油や天然ガスなどの化石燃料を使用することで莫大なエネルギーを取り出すことが可能になり、また、石油化学工業によって多くの人工物質を合成・使用することができるようになったことは、人類の活動が環境に与える影響もより多くなったことを意味する。

B．国際会議と条約

　1992 年、ブラジルのリオデジャネイロで国連地球サミットが開催された。170 の国と地域の代表、120 人の首脳、多くの NGO などが参加した本会議にて、地球温暖化問題が最大の課題として論じられた。ここで、「持続可能な発展」を実現するための「リオ宣言」や、これを実現するための行動計画「アジェンダ 21」が採択され、「気候変動枠組条約」と「生物多様性条約」への署名が開始された。

■歴史的経過 地球規模での環境に対する関心： 1972 年「人間環境宣言」…ストックホルム国際連合人間環境会議 一国から他国に対する煤煙の問題や水質汚濁の問題などは意識されてきた（被害国の法益保護の観点から） →こうした考え方から、 "環境自身を保護法益とする考え方"へとシフト 1992 年「環境と開発に関するリオ宣言」「アジェンダ 21」…リオデジャネイロ国際連合環境開発会議 →特に気候変動に対する意識の高まり→地球温暖化ガスの問題へ	「人間環境宣言」1972 年 「環境と開発に関するリオ宣言」および「アジェンダ 21」1992 年

C．京都会議と京都議定書

　1997 年、京都にて「気候変動枠組条約第 3 回締結国会議」（いわゆる京都会議）が開催された。ここでは二酸化炭素（CO_2）、メタン、フロンガスといった地球温暖化ガスの総排出量を削減することが取り決められた。削減目標は国ごとに割り当てられ、先進国全体で 2012 年までに 1990 年の総排出量から 5％程度削減することが求められている。この数値は全くの政治的妥協の産物であり、科学的根拠はない。米国は共和党が京都議定書に反対し、また、批准した国にも温度差があり、EU は東欧を圏内に取り込むことでこの地域（東欧）への技術導入で楽に CO_2 削減が可能である一

方、日本などは過去に省エネが進んでいたこともあり、追加的に CO_2 を削減するのにはさらなる技術革新と費用負担が必要となっているように、その具体的実行は一様ではない。

国際法上確認されてきた基本原則

内　　容	条　　約
(a) 各国は、自国の資源を開発する主権的権利をもつが、自国の管轄・管理下にある活動が他国や自国の管轄外の区域の環境に損害を与えないようにする責任をもつ。	リオ宣言原則2 人間環境宣言原則21
(b) 突発の有害な効果を他国の環境に及ぼすおそれのある自然災害またはその他の緊急事態を、それらの国に通報しなければならない。	リオ宣言原則18
(c) 各国は、地球の生態系の健全性および一体性の保存・保護・回復のために、地球的連携関係の精神により協力しなければならない。	リオ宣言原則7 人間環境宣言原則24

京都議定書（97年）

```
（ポイント）
■先進国の温室効果ガス排出量について、法的拘束力のある数値目標を各国毎に設定。
■国際的に協調して、目標を達成するための仕組みを導入（排出量取引、クリーン開発メカニ
　ズム、共同実施など）
■途上国に対しては、数値目標などの新たな義務は導入せず。
■数値目標
-------------------------------------------------
対象ガス：二酸化炭素、メタン、一酸化二窒素、代替フロンガス（HFC、PFC、SF6）
吸　収　源：森林等の吸収源による温室効果ガス吸収量を算入
基　準　年：1990年（HFC、PFC、SF6は、1995年としてもよい）
目標期間：2008年から2012年まで5年間
目　　　標：各国毎の目標→日本▼6%、米国▼7%、EU▼8%等。
　　　　　　先進国全体で少なくとも▼5%削減を目指す。
```

D．今後の問題点と持続可能性（Sustainability）

　地球温暖化問題の解決には、世界最大の排出国である米国と中国の参加が不可欠であり、とりわけ米国の参加が無ければ発展途上国などから協力を得ることは難しい。また、EUや日本などの先進国も2012年までに温暖化ガスの排出量を実際に削減してみせなければ、説得力を欠く。

　またその政策の仕組みとして、各国にキャップをはめて規制をする手法よりも、排出量削減取引や技術協力を主軸としたインセンティブを主とした手法をポスト京都議定書では採用すべきだとの声もある。

　環境負荷を低くして文明を永続させるための持続可能な発展や持続可能性ということが国際的に盛んに言われている。（＝ sustainable が日本語化して「サステナブルな発展」という言い方をすることも多くなった。）これは「将来世代の利益を損なわずに、私たちが発展できるレベル」で経済発展をするというコンセプトで、特に途上国の開発の問題では頻繁に使われている。

★今回のテーマ
CO₂ 排出についての世界全体の動きと国別の課題

Ａ．政治的課題

地球全体で温暖化ガスの排出量を減らさないと意味がないが…

（1）発展途上国・新興国からの不満

国民一人当たりの排出量では先進国の方が多い

（2）EU の突出と米国・日本からの不満

1990 年を規準年とする点＝冷戦の終結と EU 統合の加速

（3）国内における不満

一体、誰が責任を負い努力するのか？

Ｂ．世界的潮流としての現在の動き

しかし、2008 年の世界的金融危機以後、各国の企業は「環境に優しい」、「エコロジー」、「省エネ」、「再生可能」、「持続可能」を合い言葉にして、投資分野や商品開発の分野を選択している。

Ｃ．排出権取引（排出量取引）

一方で緩い規制をかけながら、他方で排出権の取引を促す

企業間…産業界全体での削減を目指す

国家間…新興国や発展途上国に対する技術移転

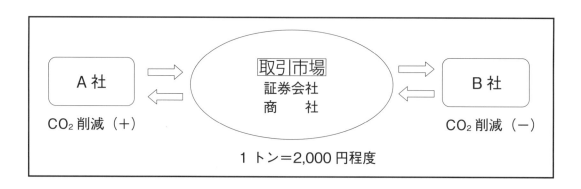

★今回のテーマ
リサイクル法

A．リサイクル法

　2000年（平成12年）を起点に各種リサイクル法が施行された。個別物品の特性に応じた規制を行う法律が主であるが、国が率先して再生品などを調達することを定めた法律（グリーン購入法）も立法された。この2000年（平成12年）を「リサイクル元年」と呼んでいる。

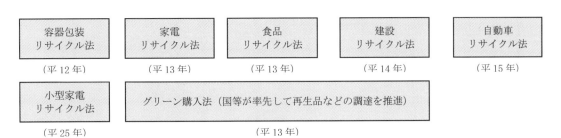

容器包装 リサイクル法	家電 リサイクル法	食品 リサイクル法	建設 リサイクル法	自動車 リサイクル法
（平12年）	（平13年）	（平13年）	（平14年）	（平15年）

小型家電 リサイクル法	グリーン購入法（国等が率先して再生品などの調達を推進）
（平25年）	（平13年）

B．家庭から出るゴミの問題

　多くの国民が持つイメージとは異なり、実は工場等から出る産業廃棄物は半分以上が再生利用されている。しかし、逆に家庭から出るゴミの約8割は直接焼却されているのが実情である。これにはコスト（費用）の問題と市民の意識の問題がある。地方自治体によっては家庭ゴミの分別収集ですら徹底されていない・徹底出来ない所もあり、また分別収集するには市民による一部コスト負担も必要となることから、コンビニや高速道路のサービスエリアに家庭ゴミが溢れている光景も珍しくない。

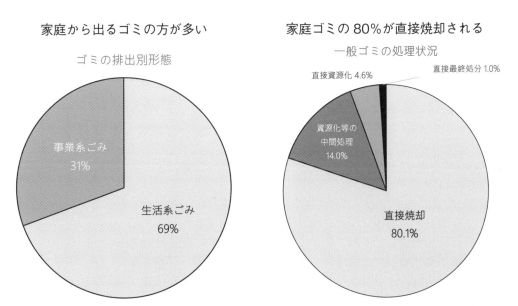

家庭から出るゴミの方が多い	家庭ゴミの80%が直接焼却される
ゴミの排出別形態	一般ゴミの処理状況

家庭から出るゴミの方が多い
ゴミの排出別形態
事業系ごみ 31%
生活系ごみ 69%

家庭ゴミの80%が直接焼却される
一般ゴミの処理状況
直接資源化 4.6%
直接最終処分 1.0%
資源化等の中間処理 14.0%
直接焼却 80.1%

　　　　資料：環境省「一般廃棄物の排出及び処理状況等について」（平成30年度）より。

★今回のテーマ
地球温暖化と国際会議

日本における CO2 排出量の内訳

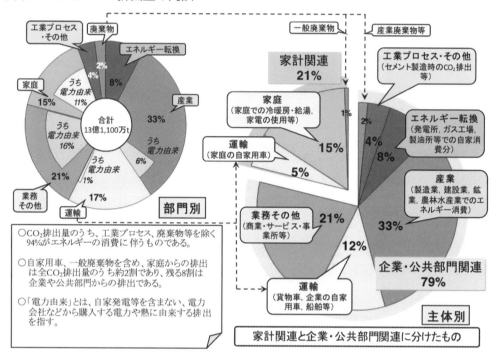

出典：環境省「温室効果ガス排出・吸収量等の算定と報告：2017年度（平成29年度）温室効果ガス排出量」の「二酸化炭素排出量全体」7頁の図より（https://www.env.go.jp/earth/ondoanka/ghg-mrv/emissions/results/JNGI2019_2-1.pdf

地球温暖化国際会議 COP21

COP21 とは？
= Conference of the Parties
=「国連気候変動枠組条約締約国会議」の第21回目の会合（2015年フランス・パリで開催）のこと。（＊ちなみに、「京都議定書」は1997年に日本・京都で開かれたCOP3で決めた温暖化ガス削減目標規定のこと。第1回会議（COP1）は1995年にドイツ・ベルリンで開催。）

- -

COP21 で決まったこと（パリ協定の内容）
- ● 先進国だけの問題にしない＝特に新興国も含める
- ● 削減目標を強制するのではなく、各国が自主的に削減目標を出す
- ● 地球規模での削減を目指し、その具体的な対策案を提案する
- ● 先進国が発展途上国に年間1000億ドルの資金支援を行う

★今回のテーマ
CO₂ の部門別排出量

A．バリ COP13（2007 年）→洞爺湖サミット（2008 年）→国連総会鳩山演説

ポイント：
  ・先進国主導で温暖化ガス対策を進めるのが現状の枠組み
  ・米国は景気対策の一環としてグリーン・ニューディール政策を推進
  ・新興国である中国・インド・ブラジルが積極的になるかどうかが重要

京都議定書の履行は 2012 年に終わるが、2013 年以降の新たな削減目標は決まっていない。2020 年に新たな目標を決めることにし、それまでは暫定的に努力を継続することにしただけである。

　　　←現実認識として、上位 16 カ国で排出量の 80％近くを占めていることに注目

日本の CO₂ 排出量の変化と削減目標

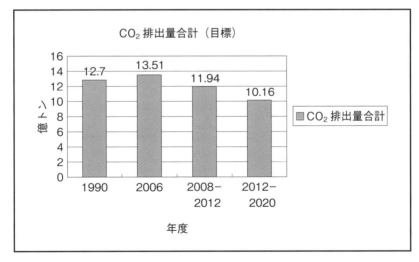

現　状
2012 年に向けては 90 年度比で -6％削減必要（実際には -12.4％削減必要）
　　　　←京都議定書における国際公約

今後の展開
各国が協調して削減に努力するという条件付きだが、日本は 2020 年までに 90 年比 25％削減をめざす（鳩山演説）という宣言をしてしまっている。原発増設を前提にした宣言であっ

たが、それがほぼ不可能となった今、革新的な技術の市場への投入がない限り、目標達成は不可能である。また、家庭部門を中心としたライフスタイルやシステム自体の変更も重要な要素となる。

B．温暖化ガスを発生させる原因分野

分野別 CO_2 排出量の比較

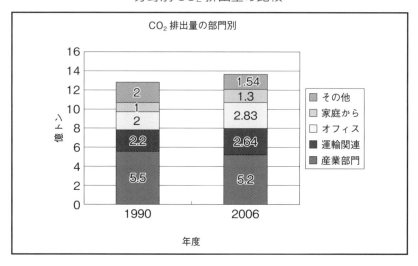

C．脱炭素社会のためには

　地球温暖化問題を政治の道具ではなく、これに本気で取り組むためには、現在の枠組みである先進国中心の削減目標では不十分である。新興国は排出権取引を使って最新技術の導入促進を図ろうとしているが、経済原則の流れではなく規制によってそれを成し遂げようというのは無理がある。しかし、技術力に劣る新興国に先進国と同等の削減目標を課すのは間違えている。現状で CO_2 の発生を抑制しようとすれば、必然的に経済活動を抑制せざるを得なくなるからである。現実的であり実行力があるのは、環境対応技術の開発や制度改革の実現などのイノベーションによって豊かさと脱炭素社会の実現を両立させることである。東日本大震災後の電力不足を契機として日本社会で急速に進んでいる省エネ化の促進が一つの解となる。コージェネ化、LED の普及、ハイブリッド・エンジンの一般化、新素材による断熱、スマートグリッド送電の実現などが次々と現実化しつつある。また、もう一つの解として、2000 年より進めて来た各種環境立法によるリサイクル社会の浸透を加速させることも大切である。バイオマス発電で燃料として使用する生ゴミや廃油、汚泥などは元々はゴミとして廃棄されていたものであるが、これらを全て燃料化出来る技術を既に持っている。また、CO_2 そのものを回収・貯蔵する技術も確立されつつある。イノベーションによる脱炭素社会を目指すことこそこれからの先進社会の目標であり、規制を課すのではなくそのインフラを整備するのが政府の役割であると言える。

★今回のテーマ

原子力発電所事故の歴史

A．現状から見た原子力発電所

　米国では 1979 年にスリーマイル島原発事故が起きて以来、原発に強い不信感を感じてきた。欧州でも 1986 年にチェルノブイリ原発事故が発生し、その被害の甚大さから、欧州各国は原発廃止に動いてきた。その中で、資源の有効利用を掲げ、原発建設に熱心であったのが日本である。

　90 年代には核物質が自然環境を汚染するとされ、原発は世界的に「反環境」のシンボルであったが、90 年代の終わり頃から、人体に無害な CO_2 や代替フロン等が地球規模での人工的な温暖化をもたらし、実は地球環境に多大な被害を与える可能性があることが広く知られ始め、逆に、太陽光発電や風力発電とならび原発は「自然に優しいクリーンな施設」であると見直されるようになってきた。特に 2008 年以降、環境問題や世界的な資源高が世界経済の中心テーマとなり、欧州や米国、中国などにおいて原発の大増産が行われようとしていた。日本でも 2030 年までに原発による発電比率を現状の約 20％から～約 50％まで高めようとしていた。その中で起きた 2011 年 3 月 11 日の東北大震災とその結果起きた福島第一原発メルトダウン事故である。この事故により、米国やインド、中国等はまだ原発推進政策を止めていないが、欧州ではフランスを除く各国は、原発を廃止して自然エネルギーへの転換を進める方向に進もうとしている。

B．歴史的事故

歴史的な原発事故

チェルノブイリ原子力発電所事故（1986 年）
発電所の正式名称は「V・I・レーニン共産主義記念チェルノブイリ原子力発電所」と言う。当時はソ連邦にあった（現在はウクライナ共和国内に位置する）1986 年（4 月 26 日午前 1 時 23 分）に 4 号炉で出力テスト中に原子炉が暴走して事故が発生。住民の避難が遅れ、また、詳細を知らされないまま事故処理にあたった作業員の多くが死亡したり後遺症に苦しむことになった。原発史上、最大の被害を出した歴史に残る事件であり、現在でも周辺は（30km 圏内）立ち入り禁止区域となっている。（＊この発電所を含む、チェルノブイリやプリピャチなどは、戦略上、当時世界地図上には存在しない機密都市だったため、事故当時は事故の内容をヨーロッパ各国も明確には知らされなかった。）
事故を起こした 4 号炉は放射能封じ込めのための高さ 60m のコンクリートで閉鎖されたが、その後も 1 号炉～ 3 号炉は長期間運転を続け、14 年後の 2000 年 12 月にチェルノブイリ原発全体が完全閉鎖された。現在でも半径 30km 圏内は一般立ち入り禁止区域に指定されたままであり、1 号炉～ 3 号炉稼働中も、作業員は 12 時間以上、圏内に留まることを禁止され、交代制で運転を行っていた。（＊ウクライナの平均賃金の 5 倍を支払うことによって、作業員を確保していた。）
2000 年に閉鎖されるまでの 14 年間に 700 万人以上が後遺症に苦しんだと報告されているが、実態は必ずしもすべて解明されてはいない。被災した国の中で最大の被害を受けたのは、ベラルーシ共和国であり、事故後、多くの村の住人は強制退去させられたが、災害の範囲が広範囲に渡り、200 万人以上が汚染地域に暮らしているのが現状である。

歴史的な原発事故

米国スリーマイル島原子力発電所事故（1979 年）

1979 年 3 月、アメリカ合衆国東北部ペンシルバニア州で起こった原発事故。

複数の想定外の事故が重なり、2 時間 20 分も開きっぱなしになっていた安全弁から 500 トンの冷却水が流出し、炉心上部 3 分の 2 が蒸気中にむき出しとなり、崩壊熱によって燃料棒が破損した。住民の多くが避難する災害となったが、運良く大災害にはならなかった。

外部にそれほど多くの放射性物質は流失しなかったが、21 世紀初頭現在もなお原子炉内には広島型原爆数百個分のストロンチウム、セシウム、ヨウ素が残っている。

日本の原発事故

東海村 JCO 臨界事故（1999 年）

核燃料を再処理するために茨城県東海村に作られた（株）JCO（住友金属鉱山の子会社）で、核燃料を加工中にウラン溶液が臨界状態（核分裂連鎖反応状態）に達し作業員 3 名が被曝した事故。このうち 2 名が死亡し、1 名が重症となった。「高速増殖炉」の特徴は、核燃料として燃やしたウラン 238 をプルトニウムに転換させる効果を持つため、消費した燃料以上のプルトニウムを生成出来ることにある。つまり希少なウラン資源を事実上数十倍にすることができ、得られたプルトニウムを再処理して再び核燃料として使用することが出来るようになる。このため「夢の原子炉」と言われ、日本、フランス、中国など国内でのエネルギー使用量の多い国で開発が推進されてきた。

東京電力柏崎刈羽原子力発電所変圧器火災事故（2007 年）

現在 1 号機から 7 号機までの 7 つの原子炉を有する世界最大の原子力発電所である。7 基の原子炉が発生する合計出力は 821 万 kwh に達し、1997 年より、それまでの最大だったカナダのブルース発電所を抜いて世界最大の原子力発電所となった。送電先は首都圏であり、規模の上からも役割の上からも重要な発電所である。2007 年 7 月、新潟県中越沖地震により変圧器の火災等の被害が発生し、微量の放射性物質が海水に漏洩した。この事故により柏崎刈羽原子力発電所は全面停止を余儀なくされた。事故の規模はそれほど大きくなく、実際の被害も発生したわけではないが、原子力関連で高い技術力を誇る日本における事故であったので、今後の原発の安全性を占う上で、世界的に注目された事故である。

東京電力福島第一原子力発電所炉心溶融事故（2011 年）

2011 年 3 月 11 日におきた太平洋三陸沖を震源として発生した M8.8 の東日本大震災の結果、稼働中の 1 〜 3 号機は緊急停止したが、津波による全電源設備喪失の事態となり、核燃料の崩壊熱によって炉心が過熱し、炉心溶融が起きた。地震発生は 11 日 14 時 46 分であるが、1 号機の炉心溶融が始まったのは同日 19 時頃であると見られている。翌 12 日 15 時 30 分頃には 1 号機が水素爆発を起こしている。全電源設備喪失による冷却ポンプ停止は想定されておらず、自然災害を背景にした人災であるとも言える。1 〜 3 号機が水素爆発を起こしたことで、大気中に放射能が放出され、新たな放射能は出ていないが、既にまき散らされた放射能の除去が進んでおらず、現在でもまだ 20Km 圏内への立ち入りは禁止されている。

★今回のテーマ
新たなエネルギー資源・技術開発

A．電力の時代

　20世紀は石油化学の時代であり、石油をはじめとする化石燃料（石油・石炭・天然ガス）を直接燃焼させる方法でエネルギーを取り出す技術を進歩させてきた。また多くの工業製品を石油化学技術によって製造してきた時代であると言える。これを国際取引の側面から見ると、G7先進工業国はまさに石油化学時代の頂点に立つ存在であり、原料である石油を資源国から安価に輸入し、これを高価な工業製品に変化させることによって富を生み出して来た。その路線は現在の新興国に引き継がれ、新興国の成長の仕組みも基本的な枠組みは20世紀型から抜け出してはいない。

　しかし、技術革新と人口増大が世界的な均衡を崩し、もはや20世紀型の経済体制では社会全体を賄うことが難しくなっている。それを決定付けたのが2008年金融危機であり、これにより20世紀型・G7型経済成長には限界があることを明確にした。21世紀型経済とは、世界人口が多くなっても豊かな生活を維持しながら、出来るだけ資源の使用量を減らし、かつ地球環境への負荷を少なくする経済体制のことである。これは一分野の事柄だけを改革・改善すれば解決するテーマではなく、資源の使用を減らすには、省エネ技術を発展させ、リサイクル制度を社会制度の基本とする必要があるし、また、地球環境への負荷を少なくするには、自然環境をなるべく変化させないようにCO_2発生を抑制・削減する努力が相互に関連する必要がある。20世紀型経済の中心であった石油の消費量を減らし、かつ豊かな生活を維持するためには、燃料を電気に代替することが重要である。しかも、発電方法を石油を燃焼させる発電方式からCO_2発生量の少ない発電方式に移行する必要がある。近年、古くからある発電方式である水力発電や太陽光を利用する太陽光発電や太陽熱発電、風力を利用する風力発電、日本のような火山・温泉の多い地域に有用な地熱発電など様々な自然エネルギーを利用する方式が注目されて来ている。

B．自然エネルギー

　上記に掲げたように、発電に使うエネルギーの中には自然界にあるエネルギー源を探し、それを活用する方法がある。例えばよく知られているのは、風力発電や太陽光発電である。水力発電は古くから利用されてきた方法であるが、その他にも、太陽熱発電や潮力発電、地熱発電などがある。これらは自然環境に左右される度合いが高いが、そのエネルギー源が尽きることがなく、多くは自然に優しい発電方式である。（＊ただし、水力発電施設建設による集落の水没であるとか、風力発電における低周波などの問題はある。）自然エネルギーを使って発電する方式は今後も利用が促進され、一定の技術的な進歩を遂げ、コストも減少すると予想出来るが、発電方式の主流になるかと言えば、まだ大きな問題がある。一つは、自

然エネルギーの効率の悪さであり、小規模な発電を複数集めて使用するとしても、火力発電等の大規模発電の規模とは比較にならない。また、火力発電や原子力発電のように大型タービンを回転させる方式とは異なり、小規模発電を寄せ集めても電圧が不安定になりやすいために、精密な機械を使用する工業分野では使用に耐えないことが掲げられる。スマートメーター等による電圧の調整技術は進歩して行くだろうが、自然エネルギーを発電の中心とするのはまだ現実的ではない。

Ｃ．非在来型ガスによる大規模ガスコンバインド発電

　2010年までは世界的に注目されてきた発電方式は原子力発電であった。原子力発電は1986年に旧ソ連チェルノブイリ原子力発電所が爆発を起こした後に欧州を中心として危険性が指摘されたこともあったが、1997年に京都議定書が作成され世界的な懸案事項がCO_2の削減となってからは環境に優しい発電方式として多くの国で大増産される予定である。（米国、インド、中国を初めとしてASEAN各国やイラン、サウジアラビア等においても。）日本のエネルギー政策も今後20年くらいの間に（＝2030年頃までに）原子力発電の比率を全発電方式の50％以上に高める方針であった。（現在、日本における原子力発電の比率は26％程度）。ところが、2011年3月に東日本大震災が発生し、東京電力福島第一原子力発電所が津波による電源喪失から原子炉溶融（メルトダウン）事故を起こしてから世界は一変する。

　原子力発電と並び、今後の発電方式として最も有力なのは、ガスタービン方式による発電（＝ガスによる火力発電の一種）である。ガスタービン発電はこれまでは天然ガスやLNG（液化天然ガス）を使用するものが中心であるが、将来的には「非在来型」と呼ばれる主に固体の形で深層に大量にあるガス（シェールガスやメタンハイドレート）を使用するものに切り替わる予定である。非在来型であるシェールガスによる発電効率は石油を使う火力発電の1.5倍（5割増）であり、排出するCO_2は通常の石油火力発電よりも30％少ないが、現在検討されているシェールガスを使用したガスコンバインド発電方式（＝ガスでタービンを回すのと同時にガスの余熱で水を沸騰させ別のタービンを回転させて発電する二重発電方式）を使用すれば、石油火力発電と比較して50〜60％CO_2の排出を削減出来る。これを受け、国際エネルギー機関（IEA）は世界は「ガスの黄金時代」を迎えたと発表した。今後は中期的には大規模施設は原子力発電で、中規模施設はガスコンバインド発電による発電方式が主力になって行くと考えられる。

Ｄ．超々臨界圧石炭火力発電

　世界的に見ると、現在でも発電方式の40％は石炭を使った火力発電であり、発電方式の中では石油5％、ガス20％、原子力14％に比較しても主流な発電方式となっている。その一番の長所は、石油と異なり、石炭は世界中の様々な地域に存在する分布範囲の広い資源だということである。（特に、米国、ドイツ、デンマーク、インド、中国では石炭火力を使っ

た発電量が多い。)

　これまで、従来型の石炭火力発電では、石炭を使って火力発電を行った場合には石油を使った場合よりも CO_2 の排出量が 20％ も多いと言われて来たが、石炭火力発電技術では日本の産業力が際立っており、硫黄酸化物や窒素酸化物の排出をほぼ 0 にした上で CO_2 の排出も石油火力よりも少なくする技術を持っている。特に、日本企業（日立製作所、三菱重工など）が開発した「超々臨界圧（温度 600 度＋圧力 250 気圧）石炭火力発電」の場合には、石油火力発電よりも 7％ CO_2 の排出を抑えることが出来る。

　また、近年では排出する CO_2 そのものを回収して、空気中に CO_2 が排出されないようにする技術（＝「CO_2 回収貯蔵技術」）が実用化されつつあり、超々臨界圧石炭火力発電と CO_2 回収貯蔵技術とを組み合わせて環境に優しい石炭火力発電が出来つつある。この技術が実用化されれば、CO_2 を排出しない石炭火力発電所を作ることが出来るようになり、発電方式の世界を一変させる力を持っている。

[資料] GTCC（ガスタービンコンバインドサイクル）発電

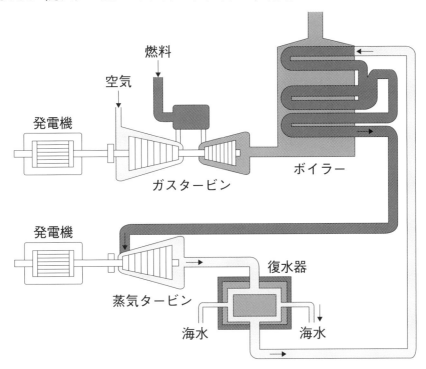

出典：西華産業㈱の発電・エネルギー設備より。

★今回のテーマ

ＥＥＺにおける海底資源の開発

Ａ．領海とＥＥＺ

（1）領海

（2）ＥＥＺ（排他的経済水域：Exclusive Economic Zone）

Ｂ．各国の管轄範囲

ＥＥＺは領海ではないが、排他的経済水域としての優先権を持つ。

領海およびＥＥＺは、調査権、水産資源、鉱物資源、安全保障の上から重要である。

領海は3カイリ→ 12カイリ（＊1カイリ＝ 1852m）

領海とは別に200カイリ水域（＝ EEZ）が認められている。

> ＊日本の200カイリ水域は約447万km²もあり、領土（38万km²）の約11倍。
> 米国、フランス、オーストラリア、ロシア、カナダに次いで世界で6番目の面積である。第7位はニュージーランド。

＊国連海洋法条約

Ｃ．海洋国家としての日本

日本には約6000の島がある。

EEZ内では排他的に調査権や漁業権をもつ。

従来型の用途

●魚貝類

　漁業権

●海洋深層水

　栄養素が多く含まれている（無機栄養塩＝窒素やリンなどが豊富な栄養塩水）

　水深200mより深いところから汲み上げる（水深1400mから汲み上げる場合もある）

今後期待される用途

●鉱物

　マンガン、コバルト、マグネシウムなどのさまざまな鉱物

●燃料

　天然ガス、メタンハイドレート

Ｄ．新しい資源（非在来型資源）としてのメタンハイドレート

　メタンハイドレートは、メタンガスが固体結晶して海底に氷状（固形）で存在している資源の一種である。天然ガスのように燃焼させることが出来るので資源として利用出来る。石油の燃焼に比べ、CO_2 の排出量が約３割減～半分で済むため、地球環境に優しい新燃料資源（非在来型ガス）として北米大陸等で発見されたシェールガスと共に注目されている。

　日本近海には世界有数のメタンハイドレート埋蔵量がある（＝現在分かっているだけで日本で使用される天然ガスの約100年分程度の埋蔵量があると言われている）。そのほとんどは大陸近海の海底に大量にあるが、海底地下に氷の結晶のような形で存在しており、流動性はないので石油や天然ガスのように穴を掘っても直接くみ上げることが出来ない（＝海底油田の採掘方法の応用では採取は難しい）。したがって、資源として利用するには採掘技術とコストがかかるので、これまで調査目的以外には実用的には採掘されてこなかった。こうした状況が一変したのが、近年の資源高と新技術の開発である。

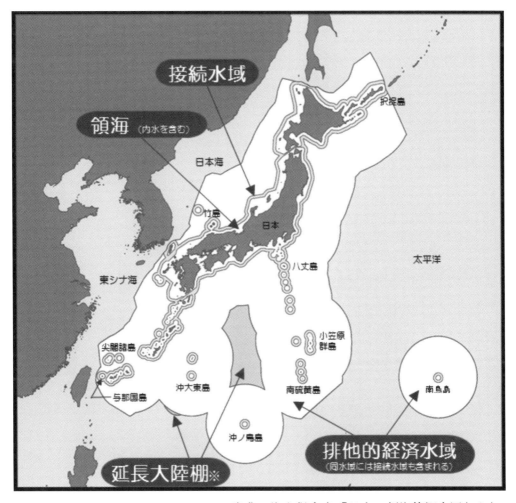

出典：海上保安庁「日本の領海等概念図」より。

［資料］CNF（セルロース・ナノ・ファイバー）

CNF（Cellulose Nano Fiber）とは、木材など植物繊維の主成分のセルロースを直径数〜数十ナノメートル（1ミリメートルの百万分の1）にまで解きほぐした超微細植物繊維素材のこと。この植物由来のCNFは環境負荷が少なく様々な優れた特性を有することから、幅広い用途への利用が期待され、製紙メーカーを中心に次世代の新素材として様々な業界で研究開発・用途開発が進められている。製造工程は、木材をチップ化・パルプ化するところまでは紙の製造と同じ工程であり、パルプをナノ化するところに技術的特徴がある。このCNFの主な特徴は「軽量・高強度」、「透明性の高さ」、「低熱膨張性」、「ガスバリア性」、「増粘制御」などであり、今のところは機能性添加剤としての用途、つまり、エレクトロニクス材料としてのフィルムやフィルターの素材として使われたり、親水性機能を利用した医療・バイオ材料・化粧品・食品・塗料の添加物としての用途が主である。しかし、鋼鉄の5分の1の軽さで5倍の強度を持つ素材でもあるので、将来は樹脂複合化素材として自動車、家電品分野での本格的な利用も考えられる。このようにCNFは環境に優しい素材でありながらも様々な用途に利用出来る可能性があることから、SDGsにも資する石油系プラスチックの代替等としての利用が注目されている。

経済産業省や環境省などのほか、例えば静岡県富士市も自治体として、CNF関連産業の創出を促すため「富士市CNFプラットフォーム」を設立（2019年）して、積極的にCNFの普及や用途開発に努めている。

＊左図は、富士市CNFプラットフォームウェブサイト中の「CNFとは？」に示されたCNF組成図。

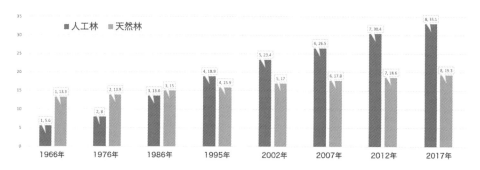

森林資源の蓄積 (単位:億㎥)

出典：林野庁のHP「森林・林業・木材産業の現状と課題」中の「森林の現状と課題」より

農水省林野庁によれば、現在の日本の森林面積は国土面積の3分の2に当たる約2,500万haある。しかも、日本では一貫して植林が盛んであり、現在の人工林は約1,000万haであるが、こうした人工林を中心に森林資源は毎年約7千万㎥ずつ増加し、現在は約52億㎥となっている。したがって、植物由来のCNFの将来性に注目することは、日本の自前資源を有効活用出来る上に、世界的な脱石油の動きにマッチする。CNFについては行政（国・地方自治体）も熱心にその動向を調査している。

環境対応技術におけるイノベーションの時代

A．環境問題に対応した技術革新

　現在の新技術の多くが環境対応社会に適応した技術だと言っても過言ではない。高性能だが画期的にエネルギー消費量を減らしたり、耐久性を飛躍的に高くしたり、これまでは捨てていた廃棄物を処理して簡単に再利用できるようにしたり、といったことが21世紀型の産業革命に繋がるだろう。もともと地球温暖化の問題を論じることは景気を減速させ、産業活動を鈍らせることになるとされて産業界では批判的な態度であった。しかし、2008年に金融危機が起きて世界的な経済減速が生じてからは、企業はこれを単なる不景気であると捉えるのではなく、時代が変わることを予感した。不景気の時代をどう捉えるかだが、悪い点ばかりを見ると、失業や倒産という負の面が強調される。しかし、他方で歴史的に見て良い点に焦点を当てると、新技術が生まれるのは不景気の時代であると言われる。デジタル技術やITなどの通信技術の進展により、アナログ技術で活況を呈していた産業構造が大きな変革を迫られた。グローバリゼーションによって、多くの国の多くの産業は厳しい競争にさらされ、それまで安定的に賃金を得ていた中間層が失業や所得低下の憂き目に遭っている。また、環境問題への適応を迫られた企業は、それまで培って来た技術やノウハウを環境対応型に合致するように迫られ苦慮している。これらの現象を悲観的に捉えると今の時代が見えてこない。今、何が起きているのか？　その答えは、最先端技術を持つ企業がどのような素材や製品を開発しようとしているのか、あるいはそれらを利用する社会をどのように変化させようとしているのかを見ることによって導き出すことが出来る。

B．日本企業の持つ技術力

　日本企業の強みはITや通信、電子機器、測定器、ロボットを始めとする工作機械、鉄・炭素繊維などの外板素材、化学工業が生み出す新素材、リチウムイオンなどの高性能電池、半導体材料ガスなどの特殊ガス、ナノテクノロジーなどの分野である。つまり、80年代までのような「Made in Japan」で勝負する時代は過ぎ、新素材や新技術で経済活動が成り立っているのである。それを数値で見るとよく分かる。2011年3月に東日本大震災が起き、日本の経常収支バランスが大きく崩れたので、震災前の2010年の値を見ると、日本の貿易収支は約8兆円であり、所得収支が12兆円の規模に達している。つまり、既に日本の経常収支は貿易ではなく、それ以外で稼ぐ構造になっていることが分かる。マスコミ等の報道では日本経済＝貿易の図式から離れられないようであるが、実際の日本企業の力は消費者に売る完成品やサービスによってもたらされているのではなく、知的財産権やノウハウを中核とした技術開発力およびこの海外展開の販売力によってもたらされているのである。企業が生み出す新素材、例えばカーボンナノチューブや炭素繊維、特殊ポリプロピレンやポリエチレン、特殊ガラス素材などは技術力で他社が簡単には追いつけない製品なので、価格競争に巻き込まれることもなく、安定した価格で世界トップクラスのシェアを占めている。これらの企業が生み出す製品やサービスが社会の形を大きく変えると予想出来る。

Ｃ．進展しつつある環境技術や環境制度のイノベーション分野

（1）省エネ技術

LED：省エネ＋耐久性

有機 EL：発光体

工場内リサイクルによる発電設備（コージェネレーション）

オフィスビルの消費エネルギーを IT でモニターし、地区ごと省エネ仕様に

超電導：電力をほとんど消費しないモーター

　　　　　　（また、送電線を超電導送電線にすれば遠距離への送電が可能となる）

（2）社会制度改革

ライフスタイルを変化させる必要：省エネしながら豊かな生活を送る、幼児期の教育

工業製品や部品をほとんどリサイクル可能な素材にし、回収する制度と費用

食物への関心：地産地消の積極推進、農業技術や制度の進化

電力配給のスマートグリッド化

（3）新燃料・資源開発＜＊いかに CO_2 の発生を削減するか＞

自然由来エネルギー：太陽光発電・太陽熱発電・風力発電・水力発電・地熱発電

石炭発電：超々臨界圧石炭火力発電（石炭をガス化して高効率に）

ガスコンバインド発電：岩盤内や海底に眠る非在来型新資源

　　　　　　　　　　　　（特にシェールガスやメタンハイドレートなど）

バイオエタノール（廃藁等を処理してエタノールにする）

バイオマス発電（廃棄物を再処理してリサイクル燃料に）

工場内でのコージェネレーション発電（蒸気等の排熱再利用発電）

二酸化炭素（CO^2）回収技術

（4）新素材開発

衣料品：断熱性（保温・冷却）の高い新素材

建築材料：より気密性の高い新素材による建築物

電池技術の開発：大型蓄電池（NAS 型）の実用化と燃料電池（水素と酸素）の開発

バイオプラスチック：植物由来の素材や廃棄物の有効活用

家庭から出るゴミの分別収集と洗浄（ほとんどのゴミは再利用かまたは燃料にできる）

（5）運送機械の軽量化・電動化

自動車車体の軽量化と電気自動車の開発

　　　　　　（スーパースチールの多用化・炭素繊維の実用化と電気自動車の積極推進）

世界的大移動時代を迎えた中型航空機需要の高まり

　　　　　　（炭素繊維による機体全体の軽量化と省エネ化）

輸送船舶の軽量化と高速化

　　　　　　（ガス輸送の安全性と軽量化）

（6）水処理技術＜＊人口増や都市化が大量の水の確保やその処理を必要としている＞

高深度地下水の有効利用（プラントの設置とそのモニタリングの IT 化）

汚泥除去プラント：汚染水や下水処理による水再利用の推進

淡水化プラント：海水の淡水化や汚泥の混じる河川の水を浄化

　　　　　　　　（ナノテク素材による水処理技術の進化）

工場内の排水を再処理して排水 0（ゼロ）施設に

［資料］（株）日阪製作所の熱交換器を使用した CO_2 回収プラント

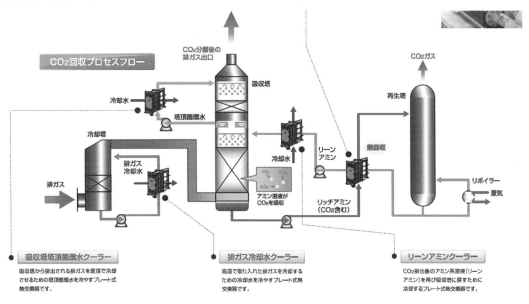

出典：（株）日阪製作所営業パンフレットより。

［資料］東レ（株）の水処理膜を使用した廃水再利用装置

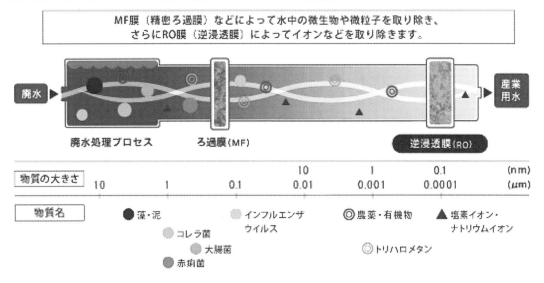

出典：東レ（株）事業概要中の「廃水再利用」図より。

［資料］炭素繊維

　炭素繊維は特殊なアクリル繊維を高温で焼いてつくる真っ黒な繊維である。鉄に比べて重さが4分の1で、強度は10倍。樹脂を混ぜた複合材料として使う。欧米企業が相次ぎ撤退するなか、日本企業は1970年代から開発を継続してきた。今日では有望な省エネ素材の一つとして注目されている。かつては釣りざおや、ゴルフシャフトなどスポーツ用品から利用が始まった。近年、需要が急拡大しているのが航空機で、米ボーイング社の新型中型旅客機「787」では重量ベースで機体の半分に使われ、2割の燃費改善に役立った。欧州のエアバス社も機体に炭素繊維を多く使う試みを拡大しており、2010年の世界需要は3万トンで、今後は自動車や風力発電で採用が進み、2015年には7万トン以上にまで膨らむ見通し。

炭素繊維（糸状）

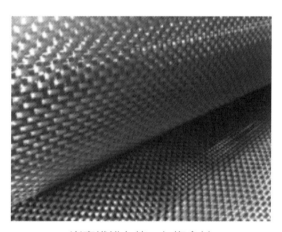

炭素繊維を使った複合材

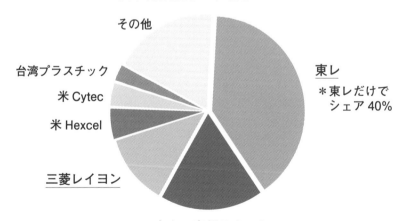

炭素繊維業界の市場内シェア

その他

台湾プラスチック

米 Cytec

米 Hexcel

三菱レイヨン

東レ
＊東レだけで
シェア 40%

帝人・東邦テナックス

＊東レ＋帝人＋三菱レイヨンの3社で＝シェア 70% を占める

［ 時 事 問 題 の 事 例 ］

英国、ガソリン車を30年に禁止　EVの普及加速も

温暖化ガス排出の削減に向け、ガソリン車規制が世界各地で相次いでいる。英政府は、ガソリン車とディーゼル車の新車販売を2030年までに禁止すると発表した。カナダのケベック州もガソリン車の新車販売を禁じる。中国なども規制に乗り出しており、電気自動車（EV）など新エネルギー車の普及が進みそうだ。

英政府は2050年までに温暖化ガス排出量を実質ゼロとするため、EV化や再生可能エネルギーの促進など10項目に120億ポンド（約1兆6千億円）を投じる。

ガソリンと電気を併用するハイブリッド（HV）も、排出ゼロの規制をクリアしたもの以外は35年までに販売を禁止する。英国のクルマの年間販売台数は19年に約230万台だった。

欧米の政府はEV普及のために補助金など政策面での支援を拡充している。米テスラや独フォルクスワーゲン（VW）、中国勢などはEVの開発を競い、シェア拡大を狙う。EVについてはトヨタ自動車は20年代前半に世界で10車種以上を展開する計画。日産自動車も23年度までに世界で8車種以上を投入する方針だ。欧州メーカーではフォルクスワーゲン（VW）が25年に世界販売の2割前後をEVとする方針を掲げている。

英政府は21年、第26回国連気候変動枠組み条約締約国会議（COP26）を北部グラスゴーで開催する。50年までに温暖化ガス排出量を実質ゼロにする目的を達成するため、「グリーン産業革命」と題してEV化や再生可能エネルギーの促進など10項目に120億ポンド（約1兆6千億円）を投じる。これにより25万人の雇用を創出する。

英政府が掲げる温暖化対策の10項目	
洋上風力	2030年までに発電量を4倍の40ギガワットに
水素	30年までに5ギガワットの発電能力を目指す
原子力	クリーンエナジーとして原子力を前進
電気自動車	G7で初めての路上交通の脱炭素化を目指す
公共交通	自転車や徒歩を魅力的にし、温暖化ガスの排出をゼロに
航空、船舶	脱炭素化の実現に向け研究などを支援
公共施設、家庭	学校や病院、家庭を環境配慮型に
二酸化炭素の回収、貯蔵	テクノロジーで世界をリードする
自然環境	毎年3万ヘクタールに植樹
技術革新とファイナンス	先端の技術を開発する

ジョンソン首相は「地球環境や経済の回復に我々は協力しなければならない。野心的な目標により英国民の暮らしが変わる」と指摘。温暖化対策について「グローバルな課題であり、全ての国は子孫のために行動を起こす必要がある」と話す。

環境対策の目玉はEV促進だ。英政府は13億ポンドを投じ、路上や家庭の充電施設を整備するほか、購入補助金に5億8200万ポンドを充てる。英国では日産自動車が北部のサンダーランド工場で「リーフ」を生産している。国内でのEV生産の促進を念頭に、EV向け電池の大量生産のため今後4年で5億ポンドを投じる。

世界各地でのガソリン車の新車販売規制	
英国	販売禁止の時期を2035年から30年に前倒し
フランス	40年までに販売禁止
中国	35年をめどに新車販売をEVやハイブリッド車などの環境対応車のみとする方針
米国	カリフォルニア州が35年までに禁止する方針を表明
カナダ	ケベック州が35年までに禁止

環境保護に向けた「脱・ガソリン車」の動きは各地で相次いでいる。中国は35年をめどに新車販売のすべてをEVやHVなどの環境対応車とする方向で検討する。EVなど新エネルギー車とHVが新車販売に占める比率（台数ベース）をそれぞれ50％に高める。

世界最大の自動車市場である中国を含む各地でガソリン車への規制が強まっていることをうけ、自動車各社も対応に乗り出している。

出典：日本経済新聞電子版「英国、ガソリン車を30年に禁止　EVの普及加速も」2020年11月18日（https://www.nikkei.com/article/DGXMZO66358030Y0A111C2I00000/）および日本経済新聞電子版「脱ガソリン車、世界で加速　英は販売禁止を5年前倒し カナダ・ケベック州も35年までに禁止」2020年11月18日（https://www.nikkei.com/article/DGXMZO66361010181122020AM1000/）から抜粋・編集。

ホンダが自動運転「レベル3」発売へ　世界初の認可

ホンダは条件付きで運転を自動化する「レベル3」の自動運転車を2020年度中に国内で発売すると発表した。高速道路での走行時に視線を前方から離しても運転が可能な機能を、高級車「レジェンド」に搭載する。同日、国土交通省からの認可を得た。レベル3の車の実用化を国が承認したのは世界で初めて。自動運転車の普及に弾みがつきそうだ。

ホンダが新たに開発した自動運行装置「トラフィックジャムパイロット」を搭載。高速道路の渋滞を想定し、車の速度や天候など一定の条件下で運転操作を自動化して前方の車を追走する。ドライバーは緊急時に運転を引き継げる態勢を求められるが、前方から目を離してスマートフォンやテレビを視聴できるようになる。価格や発売時期などの詳細は明らかにしていない。

レベル2までは人が主体
（米国自動車技術会＝SAEの定義）

人が主体	レベル0	自動運転機能のない一般の車
	レベル1	自動ブレーキなどの運転支援機能
	レベル2	部分的な自動運転。運転手は常に監督する必要
車が主体	レベル3	条件付きの自動運転。緊急時をのぞき運転を車に任せる
	レベル4	高度な自動運転。環境は限られるが運転手の対応は不要
	レベル5	完全な自動運転。運転手も不要

■トヨタ自動車

トヨタ自動車は今冬に発売予定の高級車ブランド「レクサス」の最上級セダン「LS」の新型モデルに、ハンドルから手を離して運転できる「ハンズオフ機能」を搭載する。自動運転のレベル2に相当する。レベル3相当についても「数年内に投入できる」（トヨタ幹部）という。

■日産自動車

日産自動車は今後発売する新型車で原則、レベル2相当の先進運転支援技術「プロパイロット」を標準装備する方針だ。高価格車は高速道路での手放し運転、低中価格車は前方車の追従が可能になる。

■独アウディ

独アウディもレベル3の技術を実現したとされるが、欧米などでは対応する制度が未整備で実用化には至っていない。レベル3を巡る制度面では日本が先行しており、政府は20年をめどに高速道路でのレベル3の自動運転を実現するとの目標を掲げている。

出典：日本経済新聞電子版「ホンダ、自動運転『レベル3』発売へ　世界初の認可」2020年11月11日（https://www.nikkei.com/article/DGXMZO66084010R11C20A1XA0000/）から抜粋・編集。

ソニーが自動運転車を披露
EV試作車でレベル4の自動運転も

デジタル技術の成長の柱が、スマートフォンから自動車へとシフトし始めた。世界最大のデジタル技術の見本市「CES2020」（2020年1月開催）でソニーは自社の画像センサーを搭載した自動運転の試作車を公開した。米クアルコムも自動運転向けの半導体セットを発表した。スマホ向け半導体では高いシェアを持つものの、自動車向けは後発組の両社が、自動運転などの次世代車の普及をにらんで力を入れ始めた。「過去10年のメガトレンドはモバイル（携帯電話）だった。これからはモビリティーだ」。ソニーの吉田憲一郎会長兼社長はこう宣言し、電気自動車（EV）「VISION-S（ビジョンS）」を披露した。

ソニーの川西泉執行役員が米アマゾン・ドット・コムのクラウド子会社のオンラインイベント（9月開催）に登壇し、「将来的には特定の場所において自動車に運転を任せることができるレベル4の自動運転への発展を見据えている」と強調。ソフトウエアの更新で機能向上を目指す考えを明らかにした。

ビジョンSには画像センサーなど33個のセンサーを搭載する。開発を指揮する川西泉執行役員は「車の周囲360度を見つつ、乗る人や周囲に深い安心を与える」と話す。中核となるのはスマホ向けで世界シェアの7割を握る画像センサーだ。車載向けのシェアは9%にとどまっている。ビジョンSでセンサーに対する顧客ニーズを深掘りし、開拓を本格化する。

■三種の神器がカギ

自動運転の「三種の神器」と呼ばれるのが、車載用画像センサー、ミリ波レーダー3次元センサー（LiDAR）だ。

画像センサー、ミリ波レーダー、LiDARのいずれのセンサーが「車の目」で天下をとるのか…。ある部品会社の技術者は「どのセンサーにも長所と短所がある。より安全な車を造るには複数の方式のデータを融合することが重要だ」と話す。日清紡ホールディングス（HD）子会社のJRCモビリティ（東京・中央）はカメラ画像とミリ波レーダーのデータを組み合わせ、3次元の位置情報と速度情報を同時に検出する技術を一般公開する国内最大級の家電・IT見本市「CEATEC」（10月開催）で展示する。

完全自動運転は20年代半ばから30年ごろに本格化するとされる。各社は来るべき出番に備え、「三種の神器」の目力を磨いている。

出典：日本経済新聞電子版「ソニー、自動運転車をCESで披露　20年度に公道実験」2020年1月7日（https://www.nikkei.com/article/DGXMZO54100680X00C20A1MM0000/）、日本経済新聞電子版「ソニー、EV試作車でレベル4の自動運転も」2020年9月8日（https://www.nikkei.com/article/DGXMZO6358575008092020X20000/）および日本経済新聞電子版「車載画像センサー、ソニーVS米国勢　自動運転に照準」2020年10月21日（https://www.nikkei.com/article/DGXMZO6524386020102020X11000/）から抜粋・編集。

トヨタがスマートシティー建設

トヨタ自動車・豊田章男社長が、世界最大のデジタル技術見本市「CES2020」（Consumer Technology Association：米ラスベガス、2020年1月開催）の開幕に先立って記者発表し、コネクテッドカーや自動運転の電気自動車（EV）を中心に、あらゆるモノやサービスをネットでつなげる「スマートシティー」を静岡県裾野市に建設すると発表した。トヨタは車に関わる総合サービス業への転換を進めており、2021年初の着工を目指す。日本で車の次世代サービスを核にした地区を設けるのは異例だ。

トヨタは実証実験する地区を「コネクテッド・シティー」と位置付けている。20年末に閉鎖予定のトヨタ自動車東日本の東富士工場の跡地を利用する。地区名は「WovenCity（ウーブン・シティ）」とし、初期はトヨタの従業員や関係者ら約2000人が居住することを見込む。敷地面積は約71万平方メートル、投資額などは明らかにしていない。

トヨタが商用向けに開発を進めている自動運転EV「イーパレット」などを走らせる計画だ。燃料電池を使った発電システムなど都市インフラは地下に置く。居住者は車のほか、室内用ロボットなどの新技術を検証する。MaaS（マース、移動サービス）や人工知能（AI）の開発にも活用していく。

トヨタは同都市の開発に向けて参画企業の募集も始めた。トヨタと住宅事業の統合を決めたパナソニックなど世界の企業や、大学などの研究者が実証に参加していく見通しだ。自動運転車を走らせる際の規制を巡る国などとの調整は今後始める。

トヨタは18年のCESで、自動運転のEV「イーパレット」を使った事業構想を発表。米アマゾン・ドット・コムやマツダなどを提携先にプロジェクトを進めており、20年夏の東京五輪（21年夏に延期）で選手などの輸送に活用する準備を進めている。同年のCESでは豊田社長が自動車の製造会社から、車にまつわるサービスを総合的に提供する「モビリティーカンパニー」への脱却を宣言。米ウーバーテクノロジーズやソフトバンクグループなどとの提携戦略を進めている。

■WovenCity（ウーブン・シティ）

Woven Cityは、街を通る道は3つに分類され、それらの道が網の目のように織り込まれた街（「woven」は動詞「weave（織る・編む）」の過去分詞）となる。

　3つの道はそれぞれ役割が異なり、1つ目はスピードが速い車両専用の道として「e-Palette」など、完全自動運転かつゼロエミッションのモビリティのみが走行する。2つ目は、歩行者とスピードが遅いパーソナルモビリティなどが共存する道。そして3つ目が公園内歩道のような歩行者専用道となる。

　自動車とパーソナルモビリティ、歩行者が混在する現在の道路ではスピードが異なる移動手段が並走することになり、安全の確保が難しい。それが、電動キックボードなどのパーソナルモビリティの普及を阻む壁となっているが、街をいちから作るなら、異なる移動手段が利用する道を分離してしまおうというのは、現実的な解決策だ。

街は環境にも配慮した仕様となっており、建物は主にカーボンニュートラルな木材で作られる。トヨタはパナソニックと街づくり事業に関する新しい合弁会社「プライム ライフ テクノロジーズ株式会社」を発足させることを昨年の12月に公表しており、IoTやAI(人工知能)を駆使した住宅や家電などもこの街に実装されることになるだろう。

出典：DG Lab Haus「トヨタが『CES2020』でスマートシティ建設を発表　富士山を望む未来都市の姿は？」2020年1月7日（https://media.dglab.com/2020/01/07-ces-toyota-01/）、日本経済新聞電子版「トヨタがスマートシティー参入　CESで発表」2020年1月7日（https://www.nikkei.com/article/DGXMZO54098420X00C20A1I00000/）およびFASHION PRESS「トヨタが実験都市『ウーブン・シティ』を静岡に開発へ、ロボットやAI技術を駆使した"スマートシティ"」2020年6月5日（https://www.fashion-press.net/news/57048）から抜粋・編集。

日本電産・永守会長「車の価格5分の1に」

日本電産の永守重信会長兼最高経営責任者（CEO）は、第22回日経フォーラム「世界経営者会議」で講演した。世界的な環境規制強化を背景に電気自動車（EV）が普及し、「2030年に自動車の価格は現在の5分の1程度になるだろう」と述べた。EVの核はモーターとバッテリーであるとして、「高額なバッテリー価格は技術革新で変わる」と話した。

■自動車の世界で起きているイノベーション

同社は内燃自動車のエンジンにあたるEV用駆動モーターの生産拡大に注力している。駆動モーターの受注見込みは2025年までに250万台に積み上げた。同年までに世界シェア25%の獲得を目指し、中国・大連では1千億円を投じた工場を建設中。欧州でも2千億円規模を投じて新たな生産拠点を設ける構想を持つ。

永守氏は「自動車メーカーがハードで勝負する時代は終わり、ソフトになる」と指摘する。「ハード部分は専門メーカーに任せて、我々がシェアを取る時代がきている」と述べた。30年ころにはEVが全体の5割を超え、価格は5分の1程度になると強調した。

■これからの人材教育

自身が運営法人の理事長を務める京都先端科学大学についても言及した。同大学では4月にモーター技術者などを養成する工学部を設置。英語教育にも力を入れ、永守氏は「25年までには全学部で授業を英語に変える」との構想を明らかにした。「世界でビジネスをするには共通語は英語だ」と強調した。

永守氏は大学経営に乗り出した理由について「学生を採用するなかで必ずしも偏差値の高いところがいいとも言えなかった」と指摘。「教育問題を批判している暇があるなら自分でやろうと思った。将来は東大、京大を抜くと言っている」と語った。

出典：日本経済新聞電子版「日本電産・永守会長『車の価格5分の1に』（世界経営者会議）」2020年11月10日（https://www.nikkei.com/article/DGXMZO66037840Q0A111C2000000/）、朝日新聞DIGITAL「日本電産永守氏　ピンチはチャンス、車業界2社か3社に」2020年4月30日（https://www.asahi.com/articles/ASN4Z73BNN4ZPLFA003.html）から抜粋・編集。

水素燃料で飛行する旅客機、２０３５年までに実用化へ 欧州エアバス「ZEROe」

欧州航空機メーカー大手のエアバスは、水素燃料を主要な動力源として飛行する旅客機を２０３５年までに実用化するとの計画を発表した。世界初のゼロエミッション（温室効果ガス排出ゼロ）の商用機となるという。

エアバスは３種類のコンセプト機を公開した。

エアバスのフォーリ最高経営責任者（ＣＥＯ）は商業航空機部門にとって歴史的な瞬間だと述べ、業界が目の当たりにする最も重要な移行についてエアバスが主導的な役割を果たす意図があると語った。

二酸化炭素（ＣＯ２）の排出をめぐっては航空業界や航空機メーカーに対する圧力が強まっている。一部政府は新型コロナウイルスに関連した救済策と気候変動に対処する目標とを結びつけている。新型コロナウイルスの感染拡大によって航空業界はこれまでにない落ち込みを見せており、このことが再生可能エネルギーへの移行を加速させるとの見方も出ている。

エアバスが今回発表したコンセプト機「ＺＥＲＯe（ゼロイー）」は、ターボファンをはじめ、ターボプロップ（プロペラ）、機体と翼が一体化したモデルの３種。

ターボファンのモデルは１２０人から２００人を乗せることができ、約３７００キロを飛行できる。改良されたガスタービンエンジンは水素燃料を利用する。

ターボプロップのモデルは最大１００人が搭乗して飛行距離は約１８００キロ超と短距離の飛行に適している。機体と翼が一体化したモデルは２００人乗りとなる見通し。

ZEROe concept aircraft

Turbofan

Two hybrid-hydrogen turbofan engines provide thrust. The liquid hydrogen storage and distribution system is located behind the rear pressure bulkhead.

Turboprop

Two hybrid-hydrogen turboprop engines, which drive eight-bladed propellers, provide thrust. The liquid hydrogen storage and distribution system is located behind the rear pressure bulkhead.

Blended-Wing Body (BWB)

The exceptionally wide interior opens up multiple options for hydrogen storage and distribution. Here, the liquid hydrogen storage tanks are stored underneath the wings. Two hybrid-hydrogen turbofan engines provide thrust.

出典：本文はcnn.co.jp「水素燃料で飛行する旅客機、２０３５年までに実用化へ　欧州エアバス」2020年9月23日（https://www.cnn.co.jp/business/35159893.html）から抜粋・編集。写真はエアバスのHP：ZEROe concept aircraft（https://www.airbus.com/innovation/zero-emission/hydrogen/zeroe.html）より。

中国の空飛ぶタクシーEHangが試験飛行

ドローンを製造・販売していた中国のEHang（億航）は意欲的な動きを見せている。ドローンの技術を使えば、滑走路がなくても離着陸出来るし、専門のパイロットも必要ないという特性を使い、「空飛ぶタクシー」を運用出来ると計画している。実際に2人向けの実用機は既に完成している。近い将来、空き地やビルの屋上などを使い、都市における便利な移動手段として空飛ぶタクシーが実用化される日も近い。

中国広州を拠点とするEHang（億航）が開発する空飛ぶタクシー「Ehang 216」は2人を乗せて、最高時速約130kmで飛行することができる。またドローンのように垂直に離陸／着陸ができるので飛行場が必要なく、狭い都市部での新しい交通手段としての利用が期待されている。さらに自動運転技術を用いることで、パイロットが必要ないのも特徴。これにより、乗客を運ぶだけでなく、貨物を運搬するといった用途も想定されている。

EHangは中国で既に空飛ぶタクシーのテスト飛行を繰り返しており、さらに広州では都市交通としての採用も発表されている。動きは早い。また、ヨーロッパでもテスト飛行を実施済みだ。

■米国での試験飛行（2019年）
米国のノースカロライナ州にて実施されたテスト飛行では、試験場にて5分間の飛行に成功。招かれた関係者の中には、州知事のロイ・クーパー氏も含まれていた。EHang（億航）は米国でFAA（連邦航空局）からの飛行許可を取得しており、今後はそのテストの規模を拡大する予定である。

■韓国での試験飛行（2020年）
2人乗りの「空飛ぶタクシー」が11月11日、韓国ソウル市を流れる漢江の中州・汝矣島（ヨイド島)を離陸し、西江大橋や麻浦大橋などを巡り3.6キロメートルを約7分かけて飛行した。ソウル市の徐正協市長代行は、「空飛ぶタクシーは、地上の交通問題に対して新たな解決策を提供するものであり、今後も資金投入を続ける」とコメントした。「空飛ぶタクシー」には、今のところ、技術面でのグローバルな統一基準はなく、韓国は一連の政策を定め、空中飛行産業の発展に取り組む計画である。

米国NASDAQ株式市場に上場

EHang（億航）は、ドローン製造メーカーとして2019年12月に米ナスダック取引所に上場している。EHangはドローン企業のなかで最初の上場となったが、将来の目標はドローンだけではなく、「空中交通」つまり、空飛ぶタクシー事業である。昨年発表した「都市空中交通システム白書」において、同社は自身を「空中交通企業」と位置づけし、ドローン世界最大手のDJIと異なり、主要業務を旅客ドローンなど自律型空中車両（有人AAV）にシフトしたと宣言していた。

出典：Forbes Japan「中国の空飛ぶタクシー『EHang』が米ナスダックにIPO申請」2019年11月5日（https://forbesjapan.com/articles/detail/30541）、GetNavi web「本格利用に向けて大きな一歩！『中国製空飛ぶタクシー』がテストフライトに成功」2020年12月10日（https://getnavi.jp/world/553836/）、VIVA! DRONE「中国の空飛ぶタクシーEhangがテスト飛行に成功　アメリカでの運用に向け一歩前進」2020年1月24日（https://viva-drone.com/china-ehang-2020-airmobility/）、TECHABLE「無人航空機開発EHangが韓国でテストフライト実施、観光や消防分野の需要を開拓へ」2020年11月26日（https://techable.jp/archives/142935）から抜粋・編集。

水素を30年に主要燃料に　目標1000万トン、国内電力1割分

政府は国内での水素利用量を2030年時点で1000万トン規模とする目標を設ける調整に入った。2050年の温暖化ガス排出実質ゼロを実現するには二酸化炭素（CO2）を出さない水素の活用が不可欠で、欧州や中国も力を入れ始めた。発電や燃料電池車（FCV）向けの燃料として利用を増やし、コストを引き下げて普及につなげる。

政府が17年にまとめた水素基本戦略では、30年時点で30万トンの水素を使う目標を立てている。30万トンは原子力発電所1基分に相当する100万キロワットの発電所をほぼ1年間稼働させられる量になる。1000万トンなら30基以上を稼働できる。稼働率を考慮しない単純計算で国内全体の設備容量の1割強にあたる。

電力の脱炭素では太陽光や風力など再生可能エネルギーの活用が進んでいるが、天候に左右されるため既存の発電所も必要だ。二酸化炭素（CO2）を出さない水素を発電所の燃料に使えば温暖化ガスを減らせる。再生エネの発電で余った電力を活用し水素を作ってためておくこともできる。

実証実験が進む水素発電の実用化を急ぎ、FCVの普及も加速させる。新設する2兆円の基金を活用したり設備投資への税優遇などで支援する。再生エネの拡大や石炭などの化石燃料の使用削減と合わせて推進する。

水素では14年に世界で初めて量産型FCV「ミライ」を発売したトヨタが民間の主導役を果たしてきた。トヨタ自動車や岩谷産業など88社は7日、水素インフラの整備を進める「水素バリューチェーン推進協議会」を立ち上げたと発表した。

協議会に参画する主要企業の取り組み

トヨタ	20年12月中に航続距離を伸ばしたFCV「ミライ」の新型車を発売予定
岩谷産業	船舶や鉄道、発電など水素需要を拡大し、コスト削減に取り組む
三井物産	ブルネイで調達した水素を日本へ運ぶ実証実験に参画予定
関西電力	火力発電の水素混焼の導入可能性を調査
東芝	福島県浪江町での世界最大級の水素製造拠点の実証実験に参画
エネオス	水素ステーションを全国で44カ所展開。今後も拡大する計画
川崎重工業	30年にも大型の水素運搬船の商用化目指す
三菱重工業	水素を燃料にして二酸化炭素の排出量を減らす火力発電設備の開発を進める
神戸製鋼所	液化水素を運搬したり貯蔵するのに必要な圧縮機などを手がける

協議会は自動車以外でも水素の利用を進める。製鉄では鉄鉱石の還元を石炭由来から水素に切り替える。日本製鉄など高炉大手は50年までに水素を使ってCO2排出を減らす技術の実用化を目指す。東京電力ホールディングスと中部電力が折半出資するJERAも発電燃料を水素に変え50年にCO2排出量を実質ゼロにする。

一方でこうした水素を使った発電や製鉄の実現には大量の水素エネルギーを安く調達する必要がある。

川崎重工業や岩谷産業、丸紅などは18年からオーストラリアで「褐炭」と呼ばれる低品位炭から水素を製造、液化し、日本に船で運び、発電などに使う輸送する実証事業を始めている。21年までに最初の水素製造・輸送試験を行う計画だ。川重はLNG運搬船の技術を生かし、液化水素を運搬する専用船の開発で先行している。30年には大型の水素運搬船の商用化を目指している。

岩谷産業や関西電力なども25年に向けて水素で動く船の実用化を検討する。燃料電池を搭載し、水素と空気中の酸素を反応させてつくった電気で動かす。

蓄電でも水素は有用だ。東芝は太陽光発電などによる電力をいったん水素に変えて保存・運搬し、再び電力などとして活用する技術を持つ。天候に左右されやすい再エネを安定的に供給できるようになる。

日本独自の技術があるとされる水素だが、普及への取り組みでは海外も無視できなくなっている。

ドイツ政府は6月に国家水素戦略を発表、新型コロナウイルスからの復興策の一環として1兆円を超える予算を盛り込んだ。とくに製鉄や化学などの産業分野、船舶や航空機などの長距離・重量輸送の分野といった電動化が難しい分野での水素活用を推進する。

中国も商用車を中心にFCVのサプライチェーン（供給網）を構築する。モデル都市群を選定し、都市群が技術開発を手掛ける企業を支援する仕組みを導入する。35年までに100万台前後の保有台数をめざす。

中国政府は9月にFCVの販売補助金制度を撤廃し、FCVのモデル都市群を選定して技術開発企業に奨励金を与える制度を導入すると発表した。都市群に4年間でそれぞれ最大17億元（約260億円）の奨励金を支給する仕組みだ。

出典：日本経済新聞電子版「水素を30年に主要燃料に　目標1000万トン、国内電力1割分」2020年12月8日（https://www.nikkei.com/article/DGXZQODC07348007122020000000/）から抜粋・編集した。

2020年代半ばに世界最大級の液化水素製造プラント
伊藤忠が仏大手エア・リキードと提携

産業ガス世界大手の仏エア・リキードと伊藤忠商事は2020年代半ばに、世界最大級の液化水素製造プラントを中部地方に設置する。液化天然ガス（LNG）から製造する方式を採るとみられ、現状よりも価格を抑えながら燃料電池車（FCV）など向けに供給する。世界が水素活用の取り組みを加速する中、普及のカギを握る水素生産の体制作りが国内で本格化してきた。

政府は50年に温暖化ガス排出を実質ゼロにする戦略の中で、水素を有力な脱炭素エネルギーと位置づけている。同戦略では30年に年間最大300万トンの水素供給を掲げており、実現に向けた供給整備が課題になっている。現状、日本で供給される水素の大半は産業用途の圧縮水素だが、大量輸送が可能なことなどからエネルギー利用は液化水素が今後の本命技術で、エア・リキードと伊藤忠の連合も液化に対応する。

このほど日本での水素供給網の構築を巡る戦略的協業の覚書を結んだ。新プラントが生産する1日あたりの液化水素はFCV4万2000台分をフル充填できる約30トンを想定。現在、国内での液化水素は岩谷産業を中心に1日約44トン程度が生産されており、これに匹敵する規模となる。

投資額はエア・リキードが米ネバダ州で約200億円を投じて建設している世界最大級の液化水素プラントと同等規模になる見通しだ。水素の製造方法はLNGを水素と二酸化炭素（CO2）に分解する方式を軸に検討する。製造段階で発生するCO2は回収し、飲料品向けの発泡剤やドライアイスなど工業用途で外部に販売する。

セ氏0度、1気圧、湿度0%の基準状態での体積をノルマル立方メートルと呼ぶが、1ノルマル立方メートルの水素単価が足元で100円程度なのに対し、政府は30年に3分の1以下となる30円の水準とすることをめざしている。

大規模設備で水素普及の壁となっているコストを削減する。現在、LNGからつくる液化水素はCO2の回収費用も含めて1キログラムあたり1100円前後の最終価格で企業間取引がされている。水素を用いた発電コストを電力換算（1キロワット時）すると約52円と一般電力の約2倍する。エア・リキードなどは1000円以下での提供を目指す。

政府は水素インフラの整備やコスト削減を後押しする

	2017年	20年	30年
コスト（1N立方メートルあたり）	100円	ー	30円
ステーション	100カ所	160カ所	900カ所
FCV	2000台	4万台	80万台
FCバス	2台	100台	1200台
フォークリフト	40台	500台	1万台

(注)N＝ノルマル、N立方メートルで標準状態の体積を表す。20年以降は目標値。出所は経済産業省「水素基本戦略」

国内水素供給量の見通し

現状 200万
2030年 300万
50年 2000万トン

（出所）経済産業省など

水素の供給先は国内にある自動車向けの水素ステーションを見込む。20年12月時点で国内の水素ステーションは137カ所あるが、政府は30年に900カ所に引き上げる方針だ。現在FCVの国内保有台数は4000台程度だが、伊藤忠ではトラックなど商用車を含めたFCV市場が膨らむと想定し水素供給のビジネスを強化する。

火力発電や製鉄業界に対しても水素の利用を促していく。石油化学業界など工業向けとあわせエア・リキードと連携して販路を開拓する。

水素普及で先行する欧州連合（EU）は20年7月に「水素戦略」を公表した。EUはCO2を発生させないように再生可能エネルギーを使って水を電気分解し水素を得る「グリーン水素」に注力している。30年にグリーン水素だけで1000万トンの導入を目指す。1キログラムあたり300〜700円で製造できるとされる。

日本でも福島県に再生エネを活用して水素を製造する世界最大級の設備があるが、再生エネのコストが高い日本で欧州並みを実現するには時間がかかる。当面は化石燃料由来の製造法で水素普及を急ぐ。

エア・リキードは水素製造では独リンデなどと並ぶ世界大手。20年12月期の連結純利益は3100億円、売上高は2兆6000億円だった。水素ステーションでも世界に存在する約500カ所のうち約120カ所を設置している。日本国内でも13カ所を運営し、22年中に4カ所を新設する。

出典：日本経済新聞電子版「国内最大級の水素製造プラント　伊藤忠、仏大手と提携」2021年2月25日（https://www.nikkei.com/article/DGXZQODZ186ZE0Y1A210C2000000/）から抜粋・編集。

日米豪とASEAN、CO2の地下貯留で連携　実質ゼロへ

日米豪と東南アジア諸国連合（ASEAN）各国が、温暖化ガス削減に向けた新たな手法で連携する。二酸化炭素（CO2）を地下に埋め大気中への排出を減らす事業で協力する。アジアで排出されたCO2を現地で貯留した分は、日本での排出分と相殺できる。日本は温暖化ガス排出「実質ゼロ」を実現する有力手段になるとみて推進する。

欧州などで温暖化ガス排出を実質ゼロにする「カーボンニュートラル」を目標にする動きが広がっている。日本も菅義偉首相が10月、2050年の実現を表明した。

実質ゼロの実現にはCO2の排出量を森林が吸収する量などと同等に抑える必要がある。再生可能エネルギーの拡大や水素の活用を進めても、鉄鋼や化学など産業によっては排出が続き完全に均衡させるのは難しい。

「実質ゼロ」の取り組みの広がりに伴い、CO2を地下に埋める技術に注目が高まっている。CCUS（CO2の回収・利用・貯留）と呼ばれる技術で、例えば火力発電所から出てきたCO2を圧縮したり液体に吸収させたりして、井戸を通して地下に封入する。油田やガス田などの地層を利用しCO2が外に漏れ出さないようにする。

北米ではすでに一部で実用化されており、欧州では各国から集めたCO2を北海に埋める実証実験が始まっている。

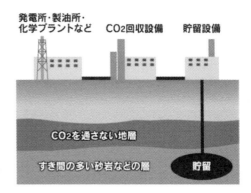

排出されたCO2の地下貯留に協力すれば、その分を自国で排出した量と相殺できる排出権取引の国際ルールがあり、実質的に日本のCO2排出量を削減できる。

経済産業省によると少なくとも現在の日本の年間排出量の10年分にあたる100億トン以上のCO2を貯留でき、油田やガス田などの利用を増やせばさらに広がる可能性がある。国際エネルギー機関（IEA）は2070年に世界のCO2排出削減量の15％をCCUSが占めると予測する。

貯留量やコスト、環境への影響などを調査し、各国と民間企業で2030年から商業利用の開始をめざす。日本は国際石油開発帝石が地質的に安定しているオーストラリアなどで検討を始めている。

国境を越えて地域全体でCO2貯留量を取引することも検討する。実際にCO2を運搬したり、技術協力した分を自国の排出分と相殺したりする仕組みを想定する。

日本企業も技術開発を進めている。北海道苫小牧沖では約30

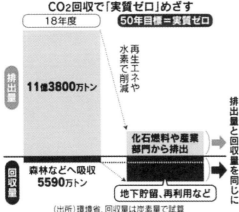

(出所)環境省、回収量は炭素量で試算

社が連携し地下貯留の実証実験を実施中だ。日揮が地上設備の設計や運転技術を担い、石油資源開発（JAPEX）は井戸の掘削などを担当した。

東芝子会社は10月末から福岡県の火力発電所で排ガスを特殊な溶液に通しCO2を分離・回収する実証を始めた。川崎重工業は関西電力の舞鶴発電所（京都府）でCO2回収設備を設置する。三菱重工業は米国でCO2回収設備を納入した実績があり、東レはCO2を効率的に回収する高機能膜の開発を進める。

実用化では回収や貯留の効率を高める技術開発に加え、コスト低減が課題になる。現行の技術では1トンあたり約7千円かかるとみられる。国内は大規模な地下貯留の候補地が少なくアジアで事業を拡大してコストを下げられるかがカギになる。

CO2の地下貯留実験に取り組んだ北海道苫小牧市の施設

出典：日本経済新聞電子版「（イブニングスクープ）日米豪とASEAN、CO2の地下貯留で連携　実質ゼロへ」2020年11月17日
（https://www.nikkei.com/article/DGXMZO66324610X11C20A1MM8000/）から抜粋・編集。

電池革命（1）　日立造船が容量世界最大級の全固体電池を開発

日立造船は容量が世界最大級の全固体電池を開発した。全固体電池は主流のリチウムイオン電池に比べ、燃えにくくエネルギー効率も高いため次世代の電池として関心が高まっている。

全固体電池の容量は1000ミリ☆時で同社の従来品から約7倍に増えた。高温下など特殊な環境で動作するのが特徴で、日立造船は特殊環境下の産業機械や宇宙用途で需要を見込んでいる。人工衛星や産業機械など活用の幅が広がりそうだ。同社は年初から大阪市の工場で試作品の少量生産を始めた。

全固体電池はセ氏マイナス40度〜プラス100度の厳しい環境でも動作する。特殊環境下の産業機械や宇宙用途で需要があるとみており、2025年をめどに容量を数倍に増やす目標。商用化のため連携企業を募る。

全固体電池はトヨタ自動車や村田製作所も開発するが、容量の小ささやコストの高さが課題だ。例えばスマホ用のリチウムイオン電池でも容量は数千ミリ☆時程度が一般的で、全固体電池はまだ及ばない。

日立造船は接着剤や溶剤を使わずにシート状の電解質などを製造する独自技術を持つ。不純物を減らすことで電気の抵抗が小さくなり電池の性能が高まるという。

証券ジャパンの大谷正之調査情報部部長は「日立造の全固体電池技術は以前から注目度は高かったが、商用としてのメドが立ってきたとの見方が強くなったことは大きい。応用範囲は広く需要は相当な大きさになるのではないか」とみている。

————————————————————————

マクセル、小型の全固体電池を2021年中に量産

マクセルホールディングスは2021年中に次世代電池の本命とされる「全固体電池」で小型製品を量産する。形状はコイン型で、小野工場（兵庫県小野市）に生産設備を導入した。電池の容量も大きく、スマートウオッチなどウエアラブル製品での需要が見込めると判断。全固体電池事業の売上高を25年に約300億円に増やす計画だ。

全固体電池は現在の電池の主要製品であるリチウムイオン電池と同じ2次電池。リチウムイオン電池は中の有機電解液が燃えやすいのに対し、全固体電池は固体で燃えにくい特徴を持つ。電気を運ぶイオンが電池内を移動する際の抵抗が小さく、エネルギー効率も高いのが特徴だ。

全固体電池には素材に硫化物と酸化物を使った2種類がある。マクセルHDは硫化物系を手がけており、酸化物系と比べるとリチウムイオンが分離しやすく、容量を大きくしやすい。

一方、酸化物系の全固体電池は積層セラミックコンデンサーの技術を応用できる村田製作所やTDKなどが事業化している。村田製作所は容量が2〜25ミリアンペア時の製品を20年度内に量産する計画で、ウエアラブルや医療機器での使用を目指す。TDKはさらに小型の100マイクロアンペア時のタイプを既に量産化しており、センサーなどの補助電源向けに出荷している。

酸化物系はイオンが分離しにくく電気を運ぶ力が弱いため、出力を大きくするのが難しい。ただ、有害物質を発生しないなど安全性が高く、熱にも強い。

マクセルHDは小型向け全固体電池の市場が25年に3000億円規模になると予想する。マクセルHDは10%のシェア獲得を目指す。

————————————————————

出典：日本経済新聞電子版「日立造船、容量世界最大級の全固体電池を開発」2021年3月3日（https://www.nikkei.com/article/DGXZQOHD032O5003032021000000/）、日本経済新聞電子版「日立造が19%高　容量世界最大級の全固体電池開発を材料視」2021年3月4日（https://www.nikkei.com/article/DGXZASFL04H85_U1A300C2000000/）および日本経済新聞電子版「マクセル、小型の全固体電池を21年に量産」2020年11月9日（https://www.nikkei.com/article/DGXMZO6587956005112020X20000/）から抜粋・編集。

電池革命（2）　日本ガイシ、大容量蓄電池で新サービス検討

日本ガイシは、太陽光発電設備を手掛けるネクストエナジー・アンド・リソース（長野県駒ケ根市）と組み、新サービスの検討を始めたと発表した。日本ガイシが強みを持つ大容量蓄電池と組み合わせ、今夏めどに電力小売事業者向けに提供する計画だ。世界的な脱炭素の広がりを追い風に、需要増が見込める大容量蓄電池で商機を探る。

両社でこのほど合意書を交わした。日本ガイシのナトリウム硫黄(NAS)電池と、ネクストエナジーの太陽光発電システムを一括して電力小売事業者に販売し、それを多くの電力を必要とする工場や商業施設に使ってもらうことを想定する。ガイシがこうしたサービスで協業するのは初めて。

NAS電池の容量は標準的なコンテナで1個1200㌔㍗時と、一般家庭約120日分の電力をためられる。主流のリチウムイオン電池よりも大容量で、比較的大規模な工場などを利用者に想定している。世界で広がる脱炭素のほか、事業継続計画（BCP）を重視する流れを踏まえ、大容量蓄電池のニーズは今後も増えるとみている。

蓄電池で競う世界　日本勢、技術力で商機

次世代電池の研究開発には世界が注目している。カーボンゼロ社会を目指すには次世代電池の開発が不可欠だからだ。

リチウムイオン電池の世界市場は、2000年ごろは小型タイプのほとんどを日本企業が押さえたが、今や中国と韓国の主要企業が車載用の約7割を占める。今後、電池市場の覇権を握るのはどの企業か。

「電池技術」に関して出願件数（2000〜2018年）の企業ランキングを欧州特許庁と国際エネルギー機関（IEA）がまとめている。上位25社のうち、過半数が日本企業だ。中国企業が上位にいないのは、特許出願で国内を優先しているとの見方がある。特許をあえて出願せず、手の内を明かさない企業もいる。それでもランキングからは電池の技術力でなお日本企業が優位な立場にあることがうかがえる。

産地が限られるリチウムの代わりに、手に入りやすいナトリウムやカリウムを使う次世代電池は注目だ。日本の大学の研究に世界の研究機関が関心を寄せる。

どの技術が生き残るのかを即答するのは難しい。はっきりと言えるのは、カーボンゼロの行方は蓄電池にかかっており、挑戦を続ける企業だけが果実を手にできるということだ。

ナトリウムイオン電池	
・東京理科大学	・フランスCNRS
・九州大学	・スペインCICエネルギー協同研究センター
・京都大学	・中国科学院
・鳥取大学	
・岡山大学	

カリウムイオン電池	
・東京理科大学	・米国・オレゴン州立大
・京都大学	
・立命館大学	
・大阪大学	
・産業技術総合研究所	

マグネシウム電池	
・東京理科大学	・イスラエル・バーイラン大学
・東北大学	
・神戸大学	
・山口大学	

カルシウムイオン電池	
・豊橋技術科学大学	・スペイン・ICMAB
・東北大学	

出典：本文は日本経済新聞電子版「日本ガイシ、大容量蓄電池で新サービス検討」2021年3月4日（https://www.nikkei.com/article/DGXZQOFD046OH0U1A300C2000000/）および日本経済新聞電子版「蓄電池で競う世界　日本勢、技術力で商機」2020年3月4日（https://www.nikkei.com/article/DGXZQOGG154SU0V10C21A2000000/）から抜粋・編集。NAS電池の写真は日本ガイシ（株）のHPより。

新版 あとがき

　年号が変わっての2年目、すなわち令和2年（西暦では2020年）は初頭から世界史に残るであろう疫病の世界的蔓延が起きた。中華人民共和国湖北省武漢市が発生地と言われている通称「新型コロナウィルス」（ウィルス名：SARS-CoV-2、これによる感染症名：COVID-19）による新型肺炎の蔓延である。発生から約1年後の令和3年（2021年）2月中旬には、世界総計の感染者数が約1億700万例であり、そのうちの死者数は230万例に上っている。（感染者および死者数は国立感染症研究所調べ。）このコロナ禍を通じて、世界はさまざまな経験をした。欧州でイタリアやスペインと共に最悪の感染者数となったフランスのマクロン大統領は、新型コロナとの戦いを「戦争状態」だと呼び、外出禁止令を中心とするロックダウンを行った。また、米国の前大統領であったトランプ氏はその在任中に国連総会でコロナ蔓延を「中国に責任を負わせるべきだ」と叫んで、米中戦争における米国民を鼓舞するような方策を採った。各国は、緊急対応策の採り方や自国民の動揺への対処法、医療政策や経済政策など、コロナ禍に対して各国は考え得る限りの様々な政策を考え、繰り出した。まさに災害・災難・戦争といった類の世界的カタストロフィーに対する壮大な社会実験となったのである。では、日本では、このコロナ禍をどう乗り切ろうとしたのであろうか。新型コロナウィルスの蔓延は日本社会に何を示唆してくれたのであろうか。極限すれば、今回のコロナ禍は、戦後日本社会の基本原則であった民主主義・個人主義・平和主義にまつわる日本の長所と短所を可視化した。自粛時における民度の高さが賞賛された一方で、「自粛警察」と呼ばれるような極めて強い同調圧力が日本社会全体を覆っており、国民全体が鬱屈した精神状態にあることも分かった。また、制度上の観点から見ると、日本国憲法が安全保障の観点を欠いているために緊急事態における法制度の不備が明らかになる一方で、明治期以来続けられてきた天然痘や結核などの感染症対策が功を奏し、日本での感染症は撲滅に近い状態まで減少したと判断されて90年代には法改正を行なって各地に所在する保健所もその人員の数や態様を大きく変化させていた。すなわち、国民的な感染症の時代は終わりを告げ、心のケアを中心とした地域に根ざした健康増進型の保健・医療を推進するセンターへと舵を切っていたのである。現在の日本の政治統治制度は原則としては中央集権型であり、議論としては道州制などが取り沙汰されてはいるが、各地方自治体は権限だけあっても独自の財源が少ないという状態に置かれている。日本国としてこういう状態にあることを知ってか知らずか、政府の政策遂行を邪魔するかのようなメディア報道が政府が感染症に対して何も手を打てないかのように報じ、国民の過度な不安を煽るような社会情勢が目に見えたこともコロナ禍の特徴であった。

　今日は第四次産業革命とも言われる大激変期を迎えている。ネットの進展は著しいが、欧州を中心とした地球環境への警鐘もけたたましく鳴り響き、それに伴って環境分野での技術革新やエネルギー革命も急速に進んでいる。欧州では1648年にウェストファリア条約が締結されて近代国際法秩序が姿を現し、1789年には民主革命たるフランス革命が起きて現代の民主主義・自由主義国家の基礎を築いた。また、1760年頃に始まったと言われる英国の第一次産業革命が今日の経済体制である資本主義を招来した。現代はこれらの歴史的事象から200年ないし300年を経た時代にある。この300年ほどの間に、人類は進歩したのであろうか、それとも間違った道を歩んで来たのであろうか。今回の新型コロナの世界的蔓延はそれを人類に突きつけてきたように思う。

　令和3年　春

河野　正英

■著者紹介

河野　正英（こうの　まさひで）

1962年生まれ。1992年青山学院大学大学院法学研究科博士後期課程退学。専門は国際経済法。吉備国際大学助教授を経て、現在、倉敷芸術科学大学危機管理学部教授、同大大学院人間文化研究科教授。学部の講義では「企業法務」および「ビジネス法」他を担当。大学院の研究では「国際取引法」他を担当。著書に、『ワークブック法学』（西日本法規出版、2003年）、『商取引法講義（初版）』（大学教育出版、2012年）がある。

［新版］商取引法講義
― 講義の理解に役立つ図解や資料付き ―

2012年4月10日　初　版第1刷発行
2016年4月20日　改訂版第1刷発行
2021年4月20日　新　版第1刷発行

■著　　　者――河野正英
■発　行　者――佐藤　守
■発　行　所――株式会社大学教育出版
　　　　　　　　〒700-0953　岡山市南区西市855-4
　　　　　　　　電話(086)244-1268代　FAX(086)246-0294
■印刷製本――サンコー印刷㈱
■装　　　丁――大学教育出版

ISBN978-4-86692-136-5